Oser choisir maintenant

Des pistes de solution pour protéger les services publics
et assurer l'équité entre les générations

Oser choisir maintenant

Des pistes de solution pour protéger les services publics
et assurer l'équité entre les générations

Luc Godbout

Pierre Fortin

Matthieu Arseneau

Suzie St-Cerny

LES PRESSES DE L'UNIVERSITÉ LAVAL

Les Presses de l'Université Laval reçoivent chaque année du Conseil des Arts du Canada et de la Société d'aide au développement des entreprises culturelles du Québec une aide financière pour l'ensemble de leur programme de publication.

Nous reconnaissons l'aide financière du gouvernement du Canada par l'entremise de son Programme d'aide au développement de l'industrie de l'édition (PADIÉ) pour nos activités d'édition.

Maquette de couverture : Mariette Montambault

Illustration de la couverture: Benoît A. Côté, *Sortie chic*.

ISBN 978-2-7637-8539-4

Distribution de livres Univers
845, rue Marie-Victorin
Saint-Nicolas (Québec)
Canada G7A 3S8
Tél. (418) 831-7474 ou 1 800 859-7474
Téléc. (418) 831-4021
www.pulaval.com

Table des matières

Troisième partie
Un besoin d'agir

Résumé

Oser choisir maintenant

Le Québec vieillit. D'ici 25 ans, la proportion des Québécois de 65 ans et plus va avoir doublé. En contrepartie, le poids démographique des adultes plus jeunes et des enfants va diminuer. Ce phénomène a trois causes : une chute dramatique de la natalité, un allongement marqué de l'espérance de vie et un solde migratoire modeste. Le vieillissement de la population est une tendance mondiale qui s'est manifestée tardivement au Québec. Mais il se produira si rapidement que, dans 50 ans, la population du Québec sera parmi les plus vieilles du monde.

Le scénario démographique de référence de l'Institut de la statistique du Québec (ISQ) prévoit que la population de 15 à 64 ans, principale source de l'emploi et de l'activité économique, atteindra un sommet en 2011 et perdra ensuite 1 million de personnes en 40 ans. La croissance économique du Québec va donc ralentir. Cet effet négatif pourra être atténué (mais non renversé) si les taux d'emploi des divers groupes d'âge augmentent, si l'âge moyen de la retraite est retardé, si les heures travaillées par personne employée cessent de diminuer et si la production par heure travaillée (la productivité) s'accélère.

Du côté des finances publiques, les revenus de l'État subiront un ralentissement proportionnel à celui de la croissance économique. À l'inverse, la forte hausse du nombre d'aînés va entraîner une progression rapide des dépenses de santé. La baisse du nombre de jeunes va entraîner un léger ralentissement des dépenses en éducation et en services de garde, tandis que les autres dépenses devraient suivre le rythme de croissance de l'économie. Il est inévitable que, si rien n'est fait pour contrer ou absorber ces tendances, le budget du Québec recommencera à accuser des déficits chroniques dans les décennies à venir.

Plusieurs chercheurs canadiens et étrangers ont étudié les conséquences du vieillissement de la population pour la croissance économique et les finances publiques. Au Canada, Oreopoulos et Vaillancourt ont démontré que les générations futures seront durement atteintes, à moins que les gouvernements ne fassent une priorité du remboursement de la dette publique. Le Conference Board a calculé que le gouvernement fédéral s'acheminera rapidement vers des surplus à répétition et les gouvernements provinciaux, vers une série de déficits. Mérette a souligné que divers mécanismes (scolarisation accrue, taux d'emploi plus élevé, immigration en hausse, changements technologiques, imposition des régimes de retraite) vont atténuer l'effet du vieillissement sur l'économie et les finances publiques. Robson a estimé que les répercussions des changements démographiques prévus d'ici 2055 sur les secteurs de la santé et de l'éducation équivalaient à un passif net de 82 % du produit intérieur brut (PIB) pour le Québec et de 57 % du PIB pour les autres provinces canadiennes.

La présente étude se démarque de quatre manières des études antérieures. Premièrement, elle porte exclusivement sur le Québec, pour lequel elle se veut plus complète et plus détaillée. Deuxièmement, elle présente une nouvelle méthode de calcul de l'imposition nette des régimes de retraite. Troisièmement, elle est délibérément conservatrice et optimiste dans ses hypothèses sur l'avenir de l'économie et des finances publiques. Quatrièmement, elle cherche à quantifier les difficultés engendrées par le vieillissement, mais elle propose aussi divers moyens d'intervention pour en réduire la facture et introduire la plus grande mesure d'équité intergénérationnelle possible. Ce qui est recherché avant tout, c'est le développement durable des services publics.

Un scénario de référence est construit pour la période de 46 ans s'étendant de 2005 à 2051. La croissance de la population suit le scénario démographique de référence de l'ISQ. Les taux d'emploi augmentent dans tous les groupes d'âge : de 70 % à 74 % pour les 15 à 64 ans, de 12 % à 19 % pour les 65 à 69 ans et de 2 % à 4 % pour les 70 ans et plus. La croissance de la productivité augmente progressivement de 1 % à 1,5 % par année. Le nombre moyen d'heures travaillées par personne employée cesse de diminuer. Avec ces hypothèses, le taux de croissance du PIB *réel* (hors inflation) du Québec passe de 1,8 % par année en 2005-2011 à 1,1 % en 2041-2051. Un facteur annuel d'inflation constant de 2 % est ajouté à cette projection sur toute la période pour donner un taux de croissance du PIB *nominal* (inflation comprise) qui passe de 3,8 % en 2005-2011 à 3,1 % en 2041-2051.

Du côté budgétaire, la projection des dépenses publiques de santé applique l'évolution démographique aux dépenses par groupe d'âge et par sexe observées dans le passé récent, puis soumet le résultat à un taux d'augmentation annuel uniforme de la dépense réelle par habitant, et ensuite au taux général d'inflation de 2 %. Sous ces hypothèses, la croissance annuelle des dépenses de santé est toujours supérieure à celle du PIB nominal, mais connaît une décélération d'un taux de 5,4 % en 2005-2011 à un taux de 3,8 % en 2041-2051. Le poids de ces dépenses dans le PIB du Québec s'alourdit : il est de 8 % du PIB en 2005 et grimpe à 15 % en 2051.

La méthode de projection des dépenses en éducation et en services de garde est semblable. L'évolution de la population des jeunes est appliquée aux dépenses par enfant, par élève et par étudiant récemment enregistrées, puis le résultat est augmenté annuellement d'une croissance de 0 % à 1,25 % de la dépense réelle par habitant, selon le groupe et, enfin, augmenté du facteur annuel d'inflation de 2 %. Ces hypothèses maintiennent la croissance des dépenses de garde et d'éducation autour de 2,2 % par année de 2005 à 2051.

Les règles comptables permettent au gouvernement du Québec de s'endetter afin d'acquérir des éléments d'actif (immobilisations, placements dans les sociétés d'État, etc.). Nous appelons la dette ainsi contractée la dette *primaire* du gouvernement. Depuis 1998, c'est un montant annuel moyen d'environ 1 % du PIB qui a été consacré à ces acquisitions d'actif. Nous conservons ce taux d'accroissement de l'endettement jusqu'en 2051 et lui appliquons un taux d'intérêt annuel moyen de 6,3 %. Comme ce fut le cas au cours des années récentes, la dette primaire continue à diminuer doucement en pourcentage du PIB, passant de 43 % en 2005 à 35 % en 2051.

Pour les autres dépenses budgétaires, l'hypothèse retenue est qu'elles vont progresser au même rythme que la richesse collective. La croissance des transferts fédéraux et des revenus autonomes du gouvernement (impôts, taxes et tarifs et revenus des sociétés d'État) est elle aussi calquée sur celle du PIB, sauf dans le cas particulier des régimes de retraite. L'imposition nette de ces régimes est le solde des impôts prélevés sur les retraits des régimes enregistrés d'épargne-retraite (REER) et des régimes de pension agréés (RPA) moins les déductions fiscales associées aux cotisations à ces régimes. Nous tenons compte explicitement du fait que le vieillissement à venir de la population fera augmenter les retraits beaucoup plus rapidement que les cotisations. Selon la projection obtenue, l'imposition nette des régimes de retraite passe d'un solde négatif de 400 millions de dollars en 2005 à un solde positif (mais modeste) de 6,9 milliards de dollars en 2051. Au total, le taux de croissance des recettes budgétaires est très voisin du taux de croissance du PIB.

L'ensemble des hypothèses économiques et budgétaires qui forme le scénario de référence permet de projeter le budget du Québec jusqu'en 2051. Cette projection a deux caractéristiques essentielles. La première est que le poids des dépenses de santé grimpe continuellement. La santé accapare 35 % du total des dépenses budgétaires en 2005 et 56 % en 2051. Toutes les autres dépenses perdent de l'importance : l'éducation et les services de garde passent de 22 % à 11 % du total; le service de la dette primaire, de 13 % à 8 %; et les autres dépenses, de 30 % à 24 %.

La seconde caractéristique de la projection est qu'à partir de 2013 (date où les plus vieux *baby-boomers* atteindront 65 ans) elle fait apparaître des déficits primaires persistants et de plus en plus importants avec le temps. Ces déficits sont de 17 milliards de dollars en 2031 et de 54 milliards de dollars en 2051. Si, contrairement aux hypothèses retenues, la productivité québécoise ne s'accélérait pas et que les taux d'emploi ne s'amélioraient pas, le déficit de 2051 serait plutôt de 92 milliards de dollars.

Devant une telle perspective, le gouvernement du Québec peut réagir de deux manières : chercher à diminuer la facture ou absorber le choc financier. Les deux approches doivent naturellement être menées simultanément.

Il y aurait trois façons pour le gouvernement d'absorber le choc financier : en s'endettant (option *japonaise*), en réduisant les services publics (option *américaine*) ou en augmentant les impôts, taxes et tarifs (option *suédoise*).

L'option japonaise consisterait à maintenir les services publics et le fardeau fiscal sur la trajectoire prévue et à emprunter chaque année l'argent qui manque pour financer le déficit. Cette option mènerait le gouvernement du Québec tout droit à la faillite. Dans les hypothèses même les plus optimistes, sa dette totale emprunterait une trajectoire explosive et insoutenable, atteignant 2 200 milliards de dollars, ou 185 % du PIB, en 2051.

Les deux autres options viseraient au contraire à absorber la totalité les déficits primaires de façon à les empêcher de faire augmenter la dette. La deuxième option, l'américaine, atteindrait cet objectif en réduisant les services publics tout en laissant le fardeau fiscal inchangé sur la trajectoire du scénario. La troisième option, la suédoise, atteindrait le même objectif en augmentant les impôts tout en laissant le niveau des services publics inchangé sur la trajectoire du scénario.

Dans chacun de ces deux cas, deux approches seraient possibles. Une approche *myope* consisterait à diminuer les dépenses budgétaires ou à augmenter les impôts, taxes et tarifs afin d'équilibrer le budget chaque année de 2007 à 2051. Une approche *clairvoyante* consisterait à amputer les dépenses budgétaires ou à augmenter les impôts, taxes et tarifs d'un pourcentage constant du PIB chaque année afin d'équilibrer le budget en moyenne sur la période 2007-2051.

Le caractère inéquitable et douloureux de l'approche « myope » serait extrême. S'il fallait réduire les services publics et que les dépenses de santé et d'éducation étaient incompressibles, l'amputation des autres services publics devrait croître dans le temps, passant de 14 % en 2021 à 69 % en 2051. De même, si l'on choisissait plutôt d'augmenter le fardeau fiscal, la hausse des impôts, taxes et tarifs devrait être de plus en plus forte, passant de 5 % en 2021 à 25 % en 2051.

L'approche « clairvoyante » rétablirait l'équité intergéné-rationnelle. Dans le cas de réductions de services publics, toutes les générations subiraient une baisse de 23,5 % des services publics autres que de santé et d'éducation. Dans le cas d'un alourdissement de la fiscalité, toutes les générations subiraient une hausse fiscale de 8,7 %. En 2007, cela voudrait dire 4,5 milliards de dollars de plus en impôts, taxes et tarifs. Évidemment, la question fondamentale posée par la stratégie clairvoyante est celle de savoir si les générations actuelles accepteraient de se serrer ainsi la ceinture afin de protéger le bien-être de leurs descendants.

L'augmentation des impôts et des taxes de 8,7 % que suggère la stratégie « clairvoyante » serait de l'argent mis de côté afin d'éviter des hausses d'impôts et des taxes encore plus lourdes (de 20 % à 25 % plutôt que de 8,7 %) pour les générations de 2025 à 2050. Ainsi, pendant les deux prochaines décennies, le gouvernement engrangerait des fonds en réalisant des excédents budgétaires et en remboursant une partie de la dette. C'est exactement cette idée que poursuit le Fonds des générations créé par le gouvernement du Québec en 2006. Par la suite, les fonds accumulés seraient décaissés et ajoutés au financement des services publics offerts aux générations de 2025 à 2050.

Il est clair que, pour l'instant, les versements au Fonds annoncés par le gouvernement, soit environ 600 millions de dollars par année, sont loin des 4,5 milliards de dollars annuels qu'il faudrait y injecter immédiatement pour atteindre pleinement l'objectif « clairvoyant ». Il est également clair que, plus on tarde à égaliser les charges fiscales entre les générations, plus les générations présentes pourront s'en sauver et plus les générations futures devront subir d'importantes hausses d'impôts, de taxes et de tarifs.

Compte tenu des coûts économiques et humains impliqués, il va de soi que la stratégie ne serait pas complète si le gouvernement ne cherchait pas par tous les moyens à diminuer au préalable la facture démographique. Nous en mentionnons un certain nombre : promouvoir la natalité et l'immigration; encourager le développement économique en maximisant la croissance de la productivité par l'investissement dans le capital humain, le capital matériel, le capital technologique et les infrastructures; s'assurer que les régimes de retraite et la fiscalité n'encouragent pas indûment les retraites hâtives; poursuivre une gestion serrée des dépenses gouvernementales en réorganisant la santé; accroître les recettes gouvernementales en combattant l'évasion et les paradis fiscaux, en réglant l'épineuse question du déséquilibre fiscal et en tarifant mieux les services publics.

Les six résultats principaux de l'étude sont que le vieillissement de la population va entraîner :

1) une chute du poids des travailleurs dans la population totale;

2) un ralentissement de la croissance du PIB et des recettes fiscales;

3) une pression accrue sur les dépenses de santé et les dépenses totales de l'État;

4) des modifications aux paramètres économiques constituant donc, sur le plan des finances publiques, une grosse bouchée à avaler;

5) une exigence d'efforts accrus pour favoriser la croissance de la productivité et de l'emploi si la facture démographique doit être diminuée;

6) un montant considérable à mettre de côté annuellement pour maintenir les services publics à leur niveau actuel tout en stabilisant le fardeau fiscal à long terme.

Mise en contexte

Le Québec en mutation

Dans les prochaines décennies, au Québec, le poids démographique des aînés va augmenter fortement et celui des adultes plus jeunes et des enfants va diminuer. Sous l'influence de la génération des *baby-boomers*, une accélération marquée de la population des aînés (65 ans et plus) est à nos portes. D'ici 25 ans, en 2031, leur poids dans la population totale aura doublé et leurs rangs auront grossi d'un million de personnes. Avec deux fois plus d'aînés, il faudra consacrer deux fois plus d'argent aux soins de santé et aux services sociaux de ce groupe. Or, les soins de santé et les services sociaux pour les aînés coûtent beaucoup plus cher que pour les adultes plus jeunes et les enfants[1]. La pression sur les dépenses publiques va inévitablement s'intensifier. De l'autre côté, la population de 15 à 64 ans va ralentir et même diminuer. Avec moins d'adultes actifs, le pourcentage de la population totale qui sera au travail sera moins élevé. La croissance économique et les recettes fiscales vont donc ralentir.

---

1. Institut canadien d'information sur la santé (ICIS), *Tendances des dépenses nationales de santé, 1975 à 2006*, Ottawa, 2006.

La présente étude vise à quantifier les conséquences probables du choc démographique sur les finances publiques du Québec à l'horizon de 2051. L'éclairage obtenu permettra ensuite – à nous et à d'autres – d'examiner avec plus de précision les divers moyens pour garantir aux générations futures le même niveau de services publics qu'aux générations actuelles sans alourdissement progressif de leur fardeau fiscal. Nous ne cachons pas, au départ, que nous attachons une grande importance à l'objectif de l'équité intergénérationnelle : assurer le bien-être des générations d'aujourd'hui sans compromettre celui des générations de demain. Cet objectif n'est rien d'autre que celui du développement durable appliqué aux finances publiques.

Les changements notables que connaîtra la pyramide des âges du Québec dans les prochaines décennies auront des effets importants sur la demande et le coût des biens et des services publics. Afin d'obtenir une perspective aussi juste que possible des grandes tendances des finances publiques québécoises à long terme, nous avons posé une série d'hypothèses, les plus réalistes possible. Pour les projections de la population québécoise, nous avons utilisé le scénario de référence de l'Institut de la statistique du Québec (ISQ) jusqu'en 2051. Nous y avons greffé des hypothèses économiques sur la réaction au contexte démographique de variables telles que les taux d'emploi, la croissance de la productivité et la croissance des principaux postes de dépenses publiques.

Comme nous allons le constater, malgré l'amélioration (probable) du taux d'emploi de la population de 15 ans et plus et une accélération (espérée) de la productivité, le choc démographique affectera négativement la croissance du volume annuel de la production intérieure du Québec (le PIB purgé de l'inflation ou *réel*), base du revenu et de la richesse. La capacité fiscale de l'État sera alors limitée, au moment même où les besoins financiers permettant d'assurer le maintien des services publics s'accroîtront en raison du vieillissement de la population. Le problème du financement de la santé, qui est déjà aigu à l'heure actuelle, va s'amplifier à mesure que la populeuse cohorte des *baby-boomers* va vieillir. Le gouvernement va, bien sûr, bénéficier de quelques économies en services de garde et en éducation, mais celles-ci n'atténueront que très partiellement le ralentissement des recettes fiscales et l'explosion des dépenses de santé et de services sociaux. Étant donné que le Québec peine déjà à équilibrer son budget année après année, l'inaction face au vieillissement démographique conduira à compromettre la pérennité des services publics. Nos résultats indiquent que, si rien n'est fait, le Québec sera rapidement aux prise avec des déficits budgétaires chroniques de plus en plus importants, atteignant 54 milliards de dollars en 2051.

Les répercussions des changements démographiques sur le budget du Québec pourront être atténuées et absorbées avec le minimum de dommages et le maximum d'équité. Mais il faudra s'attaquer au problème par de multiples moyens et, surtout, sans tarder. Ne pas agir rapidement ne fera que rendre les choix encore plus difficiles au moment où il ne sera plus possible de faire autrement que d'y faire face. Au premier chef, une politique financière équitable envers les générations futures nécessite qu'on trouve aujourd'hui les façons de faire pour leur garantir que l'État aura la capacité de maintenir l'offre de biens et de services publics tout en stabilisant le fardeau fiscal à long terme. Notre principal ennemi, dans les circonstances, n'est pas seulement l'inaction, mais également la procrastination – le report de l'action à plus tard.

Notre étude vise donc à mesurer concrètement l'importance des changements à venir et les enjeux économiques et financiers qu'ils soulèvent. Le chapitre 1 décrit sans fard le phénomène du vieillissement de la population. Le chapitre 2 expose les conséquences qu'aura le vieillissement sur l'emploi, la croissance économique, les revenus de l'État et les dépenses publiques de santé, d'éducation et autres. Le chapitre 3 attire l'attention sur certaines contributions de la recherche contemporaine qui ont développé des méthodes et des mesures utiles pour cerner l'effet des changements démographiques sur l'économie et les finances publiques du Québec et ainsi garantir le plus possible l'équité entre les générations. Le chapitre 4 énumère les hypothèses retenues pour l'évolution à long terme des principales variables économiques (emploi, productivité) et budgétaires (revenus, dépenses) du Québec. Le chapitre 5 présente les résultats du *scénario de référence* pour l'évolution de l'économie et du budget du Québec au cours de la période 2005-2051. Le chapitre 6 présente la sensibilité de nos résultats à certaines de nos hypothèses sur les variables clés qui ont permis l'élaboration de notre scénario de référence. Le chapitre 7 examine comment le Québec pourrait réagir pour absorber convenablement l'impasse budgétaire décelée. Le chapitre 8 présente diverses avenues à explorer en vue de diminuer la facture du vieillissement. Enfin, la conclusion trace les effets attendus sur les finances publiques du Québec du vieillissement de sa population.

PREMIÈRE PARTIE

Un changement démographique important

Chapitre 1

Une population vieillissante

La notion la plus simple du vieillissement d'une population est la suivante : une population vieillit lorsque la proportion des personnes dans ses groupes d'âge plus élevés augmente. Plusieurs mesures démographiques permettent de quantifier cette notion. Les sections qui suivent présentent l'évolution de ces mesures pour le Québec, ainsi que l'évolution des éléments qui ont une incidence sur l'évolution de l'âge des populations. Enfin, le phénomène du vieillissement n'étant pas que québécois, nous regarderons l'évolution attendue de la population dans différents pays.

1.1   Les mesures du vieillissement de la population

Le **tableau 1** présente plusieurs mesures permettant de constater le vieillissement de la population québécoise. Ce sont le ratio de personnes âgées, le ratio de dépendance, le ratio retraités/travailleurs et l'âge médian.

Le ratio de personnes âgées
Le ratio de personnes âgées mesure le pourcentage des personnes de 65 ans et plus dans la population totale. Au Québec, selon le

scénario de référence de l'Institut de la statistique du Québec (ISQ)[2], ce pourcentage passera de 13 % en 2001 à près de 30 % en 2051. Alors que la population totale du Québec augmentera de 435 000 personnes en 50 ans (hausse de 6 %), le nombre de personnes de 65 ans et plus s'accroîtra de plus de 1 460 000 (hausse de 140 %). Au cours de la même période, le nombre d'enfants de 14 ans ou moins et celui d'adultes de 15 à 64 ans chuteront d'environ 300 000 et 625 000 personnes, respectivement.

Tableau 1 :   Mesures du vieillissement de la population, Québec

Année	Population totale (a)	0 à 14 ans (b)	15 à 64 ans (c)	65 ans et plus (d)	Ratio de personnes âgées (%) (d/a)	Ratio de dépendance (%) ((b+d)/c)	Ratio retraités/ travailleurs (%) (d/c)	Âge médian
2001	7 396 988	1 305 110	5 126 735	965 143	13,0	44,3	18,8	38,5
2011	7 766 718	1 158 989	5 369 885	1 237 844	15,9	44,6	23,1	42,2
2021	8 014 407	1 153 624	5 157 201	1 703 582	21,3	55,4	33,0	44,4
2031	8 106 967	1 104 380	4 818 932	2 183 655	26,9	68,2	45,3	46,9
2041	8 017 350	1 027 754	4 714 314	2 275 282	28,4	70,1	48,3	48,5
2051	7 832 218	1 005 637	4 501 304	2 325 277	29,7	74,0	51,7	49,1
Variation en % par rapport à 2001								
	en %				en point de %			années
2011	5,0	-11,2	4,7	28,3	2,9	0,4	4,2	3,7
2021	8,3	-11,6	0,6	76,5	8,2	11,1	14,2	5,9
2031	9,6	-15,4	-6,0	126,3	13,9	23,9	26,5	8,4
2041	8,4	-21,3	-8,0	135,7	15,3	25,8	29,4	10
2051	5,9	-22,9	-12,2	140,9	16,6	29,7	32,8	10,6

Source :   ISQ (2004).

Le ratio de dépendance

Le ratio de dépendance exprime le nombre total d'enfants de 14 ans ou moins et d'aînés de 65 ans et plus en pourcentage du nombre d'adultes de 15 à 64 ans. Ce ratio, égal à 44 % en 2001, évoluera rapidement à partir de 2011. Il atteindra 68 % en 2031 et 74 % en 2051. De moins en moins de personnes actives devront soutenir de plus en plus de personnes inactives.

---

2. Institut de la statistique du Québec (ISQ), *Perspectives démographiques, Québec et régions, 2001-2051, édition 2003*, 2004.

Le ratio retraités/travailleurs

Le ratio de dépendance total peut être décomposé en deux ratios de dépendance : celui des enfants et celui des aînés. Le ratio de dépendance des aînés mesure le nombre de personnes de 65 ans et plus en pourcentage du nombre d'adultes de 15 à 64 ans. On nous permettra d'appeler ce pourcentage le ratio retraités/travailleurs, même s'il s'agit d'un abus de langage puisque certaines personnes de 65 ans et plus ne sont pas à la retraite et certaines personnes de 15 à 64 ans ne sont pas au travail. En 2001, ce ratio était de 19 %. Il grimpera rapidement à 45 % en 2031 et à 52 % en 2051. On souligne fréquemment cette évolution en disant que la population du Québec passera de cinq travailleurs pour un retraité aujourd'hui à deux travailleurs pour un retraité en 2051.

Notons que, pendant ce temps, le taux de dépendance des enfants ne doit diminuer que légèrement, passant de 25 % en 2001 à 22 % en 2051. Cette diminution de la dépendance des enfants sera donc très loin de compenser l'augmentation de la dépendance des aînés.

L'âge médian

L'âge médian représente le point où exactement la moitié de la population est plus vieille et l'autre moitié est plus jeune. L'âge médian montre aussi le vieillissement de la population. Selon le scénario de l'ISQ, il passera de 39 ans en 2001 à 49 ans en 2051. Ainsi, dans 50 ans, la moitié de la population du Québec aura 50 ans et plus.

La pyramide des âges

La pyramide des âges décrit la structure d'une population selon l'âge et le sexe. Le **graphique 1** montre la pyramide québécoise observée en 2001 et celle qui est projetée pour 2051. Ce graphique illustre bien l'évolution anticipée du vieillissement de la population. On observe essentiellement une inversion progressive de la pyramide. En 2051, la base de la pyramide (âges jeunes) est plus étroite et sa pointe (âges élevés) plus large qu'en 2001.

Graphique 1 :   Pyramides des âges, 2001 et 2051

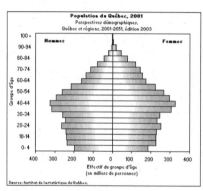 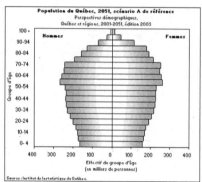

1.2   Les éléments agissant sur le vieillissement de la population

Les données de la section précédente ont esquissé la tendance du vieillissement de la population au Québec d'ici 2051. Le **tableau 2** résume maintenant les <u>sources</u> de la croissance de la population observées en 1965 et en 2001 et de celle qui est projetée par l'ISQ pour 2051.

Autrefois, c'était l'accroissement naturel de la population qui contribuait largement à la croissance de la population du Québec. En 1965, l'accroissement naturel de la population, soit 96 000 personnes (résultant de 134 000 naissances et de 38 000 décès), expliquait la totalité de l'augmentation de la population, puisque le solde migratoire total du Québec était en fait négatif. En 2001, l'accroissement naturel, soit 18 700 personnes, ne représentait que 61 % de l'augmentation de la population, égale à 30 700 personnes. La contribution du solde migratoire total était donc de 39 % (12 000 personnes). En 2051, les décès dépasseront les naissances, de sorte qu'une décroissance naturelle de 40 000 personnes est projetée. Le solde migratoire total serait d'à peine 20 000 personnes; il serait donc loin de compenser la décroissance naturelle de la population. Ce revirement est largement expliqué par la faiblesse de la natalité et par l'abondance des décès dans une population vieillie.

Tableau 2 : Sources de croissance de la population, 1965, 2001 et 2051

	1965		2001		2051	
~ Accroissement naturel		96 311		18 723		-40 365
- Naissances	133 863		72 010		62 869	
- Décès	-37 552		-53 287		-103 234	
~ Solde migratoire international		-759		23 196		28 004
- Immigration	25 973		32 502		37 502	
- Émigration	-26 732		-9 306		-12 500	
- Retour des canadiens					3 002	
~ Solde migratoire interprovincial		-6 219		-11 233		-7 682
- Entrées	41 234		22 051		22 500	
- Sorties	-47 453		-33 284		-30 182	
Population du Québec		5 505 034		7 374 065		7 832 216
Variation en %		1,6		0,5		-0,3

Sources : ISQ (2004) et site Internet de l'ISQ.

Le taux de natalité et l'indice synthétique de fécondité

Après le *baby-boom* de l'après-guerre, la taille des familles s'est mise à diminuer dans les années 1960. Cette décennie a vu le niveau d'éducation augmenter, la pilule contraceptive devenir disponible, le secteur des services se développer rapidement et les femmes entrer en grand nombre sur le marché du travail. La baisse du taux de natalité depuis cette époque a grandement contribué au vieillissement de la population que connaissent le Québec et plusieurs autres pays et nations.

La mesure la plus répandue du taux de natalité d'un pays ou d'une région est basée sur la fécondité de ses femmes en âge de procréer. Il s'agit de l'indice synthétique de fécondité, qui est défini comme la somme des taux de fécondité par âge de 13 à 49 ans dans une année donnée. Il représente le nombre moyen d'enfants par femme dans une génération qui aurait les taux de fécondité par âge de cette année-là pendant toute sa période fertile. Le **graphique 2** montre que cet indice annuel est à la baisse depuis les années 1960. Alors qu'il s'établissait autour de 3,9 enfants par femme de 1951 à 1962, il a diminué ensuite constamment jusqu'au milieu des années 1980 et s'est stabilisé autour de 1,5 enfant par femme par la suite[3]. Ce taux est inférieur au taux requis pour le renouvellement naturel de la population, qui est de 2,1 enfants par femme. On a donc constaté une baisse de la proportion des jeunes dans la population québécoise.

Graphique 2 :   Indice de fécondité au Québec
                  (en nombre d'enfants par femme de 13 à 49 ans)

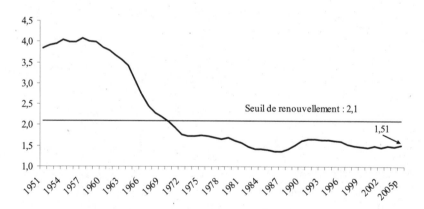

Source : Site internet de l'ISQ.

---

3. Une remontée passagère a été observée au début des années 1990. De plus, en 2006, l'indice a grimpé à 1,6 enfant.

L'espérance de vie à la naissance

Un autre facteur qui contribue au vieillissement de la population est l'augmentation de l'espérance de vie à la naissance. Pour une année donnée, cette statistique mesure la durée de la vie d'une cohorte qui serait née cette année-là et qui serait soumise à chaque âge au risque de décès observé pour cet âge-là dans la population actuelle. L'espérance de vie est inversement reliée au taux de mortalité d'une population. Au Québec comme ailleurs, l'espérance de vie augmente depuis des décennies, phénomène attribuable à la baisse de la mortalité infantile et aux progrès accomplis en santé. Au Québec, l'espérance de vie à la naissance basée sur la moyenne des trois années 2003 à 2005 est estimée à 78 ans pour les hommes et à 83 ans pour les femmes[4]. Il s'agit de gains de neuf et de sept ans, respectivement, depuis 1971. L'ISQ projette une continuation de cette tendance à la hausse au cours des prochaines décennies. En 2051, l'espérance de vie atteindrait 85 ans pour les hommes et 89 ans pour les femmes.

L'âge de 65 ans marque souvent la fin de la vie active. L'espérance de vie à cet âge constitue un indicateur du nombre d'années qui seront passées à la retraite. Il s'agit du temps qu'il reste à vivre à une cohorte qui aurait eu 65 ans dans une année donnée et qui serait soumise à chaque âge au risque de décès observé pour cet âge-là dans la population de cette année-là. En moyenne, de 2003 à 2005, l'espérance de vie à 65 ans des Québécois a atteint 17 ans chez les hommes et 21 ans chez les femmes[5]. Pour les hommes comme pour les femmes, cette espérance de vie à la retraite était plus longue de quatre années qu'il y a 40 ans, en 1965[6].

---

4. ISQ, *La situation démographique au Québec. Bilan 2005,* Québec, 2006, p. 61.

5. *Ibid.*

6. *Ibid.*

Le solde migratoire

Le solde migratoire international du Québec est positif, mais son effet est atténué par un solde migratoire interprovincial généralement négatif. Avec les tendances notées de la fécondité et de l'espérance de vie, il est impossible au solde migratoire de contrer le vieillissement de la population. Le solde migratoire contribue à rajeunir la population, mais très légèrement.

Effet global

Non seulement la population québécoise vieillit, mais à partir de 2022 le nombre de décès devrait excéder le nombre de naissances. À cette date, le Québec entrera dans une phase de décroissance naturelle. C'est ce que le **graphique 3** souligne. Par la suite, en 2031, il est prévu que la population totale va commencer à décroître. La tendance devrait alors s'amplifier jusqu'en 2050.

Aujourd'hui même, la population québécoise augmente déjà très faiblement. En 2004, elle a crû de 0,5 %, alors qu'elle augmentait au rythme de 1,7 % par année il y a quarante ans. Pour que la population québécoise augmente au rythme moyen des 30 dernières années, il faudrait qu'elle croisse annuellement de 1 %. Pour la seule année 2001, cela aurait voulu dire une augmentation de la population de 73 000 personnes. Sachant que l'accroissement naturel a été de 18 700 personnes, il aurait fallu un solde migratoire net de 54 300 plutôt que de 11 900. Si l'on refait l'exercice pour l'année 2021, on constate, au vu de l'accroissement naturel prévu par l'ISQ, qu'il faudrait un solde migratoire de 79 000 pour que la population croisse de 1 %. Il est peu probable que le Québec puisse atteindre un tel influx migratoire net d'ici là. Le solde migratoire projeté par l'ISQ pour 2021 ne dépasse d'ailleurs pas 20 000 personnes.

Graphique 3 : **Les sources de la croissance démographique, Québec** (nombre)

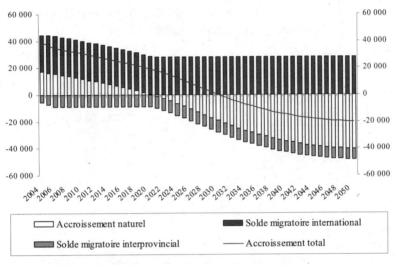

Source : ISQ (2004).

1.3 Un phénomène mondial

Le problème du vieillissement de la population n'est pas exclusif au Québec. Une étude des Nations unies (ONU) indique que la principale conséquence du déclin mondial de la fécondité combiné à la hausse de l'espérance de vie est le vieillissement de la population[7]. En 1950, 8 % de la population mondiale était âgée de 60 ans et plus. En 2005, cette proportion avait augmenté à 10 %; elle atteindra 22 % en 2050. Déjà, l'âge médian dépasse 40 ans dans onze pays; en 2050, ce sera le cas de 90 pays, dont 46 seront des pays développés. Le **graphique 4** présente les pyramides des âges des pays développés et des pays en développement en 2000 et les projections pour 2050. Il ne fait

7. ONU, Department of Economic and Social Affairs, Population Division, *World Population Prospects: The 2004 Revision, Highlights,* 2005.

aucun doute que le vieillissement est un phénomène mondial, mais qu'il est plus marqué dans les pays développés.

Graphique 4 : Pyramide des âges des pays développés et en développement, 2000 et 2050

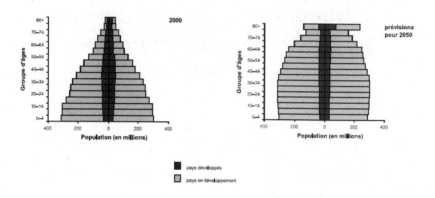

Source :   ONU, Department of Economic and Social Affairs of the United Nations Secretariat, Population Division, *World Population Prospects: The 2002 Revision,* 2003.

Le vieillissement de la population est un phénomène dynamique. Dans un pays donné, il peut être aujourd'hui plus ou moins avancé qu'ailleurs et peut évoluer plus ou moins vite qu'ailleurs. Le **tableau 3** indique que les populations du Québec et du Canada (hors Québec) sont présentement plus vieilles que celle des États-Unis, mais plus jeunes que celles des autres pays du Groupe des Sept (G7). Mais, d'ici 2050, la population du Québec vieillira plus vite qu'ailleurs. À cette date, seuls deux pays du G7, le Japon et l'Italie, auront une population plus veille que celle du Québec.

Tableau 3 :   **Pourcentage de la population âgée de 65 ans et plus dans les pays du G7, 2005 et 2050**

	2005	Rang	2050	Rang
États-Unis	12,3	1	20,6	1
Canada hors Québec	12,9	2	24,7	3
Québec	13,8	3	29,6	6
Royaume-Uni	16,0	4	23,2	2
France	16,6	5	27,1	4
Allemagne	18,8	6	28,4	5
Japon	19,7	7	35,9	8
Italie	20,0	8	35,5	7

Sources : ONU, Population Division of the Department of Economic and Social Affairs of the United Nations Secretariat, *World Population Prospects: The 2004 Revision,* 2005. ISQ (2004).

Le **graphique 5** met l'accent sur l'aspect dynamique du phénomène du vieillissement. Pour chaque pays du G7, il indique l'année où le pourcentage des personnes de 65 ans et plus dans la population totale a atteint 12 %, ainsi que le nombre d'années prévu pour que ce pourcentage double, c'est-à-dire passe à 24 %. Dans ce groupe de pays, le vieillissement au Québec se démarque comme étant plus tardif, mais plus rapide qu'ailleurs. La proportion de 12 % pour les aînés y a été atteinte relativement tard (en 1996), mais le temps de doublement (30 ans) y sera plus court que partout ailleurs, à l'exception du Japon.

Graphique 5 : Nombre d'années pour que la proportion des personnes de 65 ans et plus passe de 12 % à 24 %, Pays du G7, Québec et Canada hors Québec

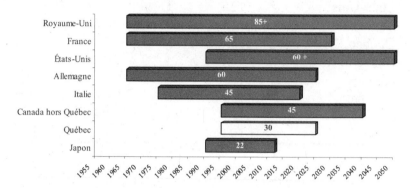

Note :   Il s'agit d'approximations, car les données des Nations unies que nous avons utilisées sont disponibles tous les 5 ans.

Sources : ONU (2005), Statistique Canada (Tableau CANSIM II n° 051-0001) et ISQ (2004).

Si l'on compare le Québec au Canada hors Québec, on constate que la proportion des 65 ans et plus était traditionnellement plus faible au Québec, essentiellement en raison de la natalité plus forte au Québec avant les années 1970. C'est pourquoi le seuil de 12 % d'aînés a été atteint plus tardivement au Québec (en 1996) que dans le reste du Canada (en 1994). Toutefois, puisque le renouvellement de la population a ralenti beaucoup plus au Québec qu'au Canada depuis 40 ans, le vieillissement de la population sera plus rapide au Québec. De plus, comme on sait, le seul facteur ayant un effet général inverse sur l'âge de la population, soit l'immigration nette, est moins important au Québec qu'ailleurs au Canada.

1.4   Résumé des constats démographiques

- Telle qu'elle est mesurée par l'évolution de la proportion des personnes âgées dans la population totale, la population du Québec vieillit. La proportion de la population qui est âgée de 65 ans et plus doit passer de 13 % en 2001 à 30 % en 2051.

- L'âge médian de la population québécoise va augmenter. Il doit passer de 39 ans en 2005 à 49 ans en 2051.

- Une source importante du vieillissement de la population est la chute dramatique de la natalité québécoise à partir des années 1960. L'indice synthétique de fécondité du Québec est passé de 3,9 enfants par femme dans les années 1950 à 1,5 enfant en 2005.

- L'accroissement naturel de la population québécoise n'était plus que de 18 700 personnes en 2001 alors qu'il était d'environ 100 000 personnes par année il y a 40 ou 50 ans.

- Une autre source du vieillissement de la population québécoise est la baisse tendancielle du taux de mortalité (une bonne nouvelle !). L'espérance de vie à la naissance a augmenté, passant de 75 ans en 1980-1982 à 80 ans en 2003-2005. L'espérance de vie après 65 ans a augmenté elle aussi, passant de 17 ans en 1980-1982 à 19 ans en 2003-2005.

- L'immigration nette au Québec est modeste. Elle fait baisser l'âge médian de la population, mais très légèrement. Elle ne pourra ni maintenir la croissance de la population ni modifier significativement la tendance au vieillissement de la population.

- Le phénomène du vieillissement de la population est une tendance mondiale. Il se manifeste présentement avec plus d'acuité dans les pays développés que dans les pays en développement.

- Le vieillissement de la population a commencé plus tardivement au Québec que dans les autres pays développés. Mais il sera plus rapide que presque partout ailleurs, au point où, dans 46 ans, la population du Québec sera parmi les plus vieilles du monde industrialisé.

Chapitre 2

Les conséquences attendues du changement démographique

Les changements démographiques à venir auront un effet important sur la croissance économique du Québec. À production par travailleur et taux d'emploi donnés, le niveau du PIB réel est, en effet, proportionnel à la taille de la population en âge de travailler (disons, de 15 ans et plus). De 1981 à 2005, par exemple, le PIB réel du Québec a crû de 2,1 % par année en moyenne, et la population de 15 ans et plus, de 0,9 % par année. C'est dire que 40 % du progrès de l'économie québécoise pendant ce quart de siècle est d'origine purement démographique. Si, autres choses demeurant égales, la population en âge de travailler du Québec avait été stationnaire plutôt que d'augmenter, le taux de croissance annuel moyen du PIB réel québécois aurait été de 2,1 – 0,9 = 1,2 %, et non de 2,1 %, soit la moitié moins. Cela donne une bonne idée de la grande importance de l'évolution démographique pour les perspectives de croissance économique du Québec.

Si la croissance économique ralentit, les finances publiques en subiront immédiatement le contrecoup du côté des revenus, parce que les recettes de l'État sont à peu près proportionnelles au revenu intérieur (le PIB). Le bouleversement de la structure par âge de la population exercera par ailleurs une influence déterminante sur l'évolution des dépenses de programmes du gouvernement. Beaucoup plus d'aînés va entraîner des dépenses de santé et de services sociaux, ci-après appelées « dépenses de santé », plus considérables; un peu moins de jeunes va procurer un certain potentiel de réduction (qui pourra être réalisé ou non) des dépenses en éducation et en services de garde. Les autres postes de dépenses pourront eux aussi être affectés par la structure d'âge vieillissante de la population du Québec, mais sans doute beaucoup moins.

Dans le présent chapitre, nous présentons des perspectives qui nous apparaissent plausibles sur l'évolution du marché du travail et de la productivité, ainsi que sur celles des revenus et des dépenses de l'État québécois.

2.1   Marché du travail, productivité et croissance

Afin d'apprécier l'effet des changements démographiques à venir sur la croissance économique, il est utile de décomposer le PIB réel (Y) en produit de quatre facteurs :

- la population en âge de travailler (A),
- le taux d'emploi de cette population en âge de travailler (E),
- le nombre moyen d'heures travaillées par personne employée (H),
- la productivité horaire, c'est-à-dire le PIB réel par heure travaillée (Q).

On a ainsi l'équation :

$$Y = Q \times H \times E \times A$$

La population en âge de travailler, qui constitue le bassin des travailleurs potentiels, est celle de 15 ans et plus. Mais, au sein de cette population, c'est évidemment la population de 15 à 64 ans qui compte le plus, puisque les aînés de 65 ans et plus sont à la retraite pour la plupart et affichent un taux d'emploi plutôt faible (seulement 6 % sont présentement au travail). Une baisse importante de cette population 15 à 64 ans, comme celle qui est prévue au Québec d'ici 2051, exercera donc une forte pression à la baisse sur la croissance économique.

Le **graphique 6** trace les contours de l'évolution prévue des populations de 15 ans et plus et de 15 à 64 ans de 2001 à 2051. Selon le scénario de l'ISQ, la population de 15 à 64 ans atteindra un sommet dès 2011. De 2011 à 2051, ce groupe d'âge au Québec perdrait 1 million de personnes. La population de 15 ans et plus, qui comprend les nombreux *baby-boomers* vieillissants, atteindra un sommet en 2035. Même si l'on croit généralement que le taux d'emploi des personnes âgées de 65 ans et plus pourrait augmenter dans les prochaines années – et nous en tiendrons compte plus loin –, la participation de ce groupe d'âge au marché du travail restera forcément modeste. C'est la baisse démographique des 15 à 64 ans qui va dominer l'évolution de l'emploi au Québec.

Graphique 6 :   **Évolution du bassin des travailleurs potentiels au Québec, 2001-2051** (en milliers)

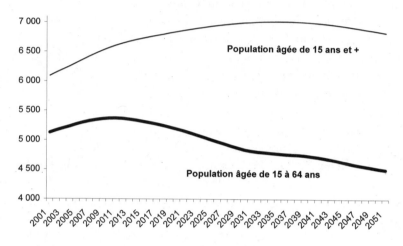

Source : ISQ (2004).

Ainsi, la baisse de la population de 15 à 64 ans aura en soi pour effet de ralentir la croissance économique. Dans les termes de l'équation ci-dessus, si A est en diminution, alors Y va croître moins vite qu'il le ferait autrement. Il est toutefois possible que cet effet négatif sur la croissance économique soit atténué par une hausse du taux d'emploi de divers groupe d'âge (hausse de E), par une hausse du nombre moyen d'heures travaillées par personne employée (hausse de H) ou par une progression plus rapide de la production par heure travaillée (accélération de la productivité Q). On pourrait, par exemple, observer :

▪ une hausse générale du taux d'emploi

On s'attend notamment à ce que la proportion des personnes en âge de travailler qui désirent participer au marché du travail continue à augmenter pour la plupart des groupes d'âge. Le taux d'activité féminin va compléter son ascension et la scolarisation accrue va encourager l'emploi. Il est également probable que le taux de chômage structurel diminue, puisque les jeunes, dont le taux de chômage est supérieur à la moyenne, seront moins nombreux, que le niveau d'éducation sera plus élevé, et que la concurrence mondiale tiendra l'inflation en échec, prévenant du même coup les hausses de taux d'intérêt dommageables pour l'emploi.

- une augmentation de l'âge de la retraite

Des pénuries de main-d'œuvre, des réaménagements des régimes de retraite et des incitatifs à travailler au-delà de 55 ans pourraient entraîner une augmentation plus marquée du taux d'emploi parmi la population des 55 ans et plus, si ces derniers décidaient de retarder leur retraite ou de continuer à occuper des emplois après leur retraite. À 48 %, le taux d'emploi des Québécois de 55 à 64 ans est présentement parmi les plus faibles d'Amérique du Nord.

- une stabilisation des heures travaillées par personne employée

Le nombre moyen d'heures travaillées par personne employée a baissé de 8 % au Québec depuis 30 ans, passant de 1 845 heures par année en 1976 à 1 692 heures en 2006. Il est difficile de prévoir où l'avenir nous conduira. La baisse pourrait se poursuivre tout comme elle pourrait se stabiliser. Cette dernière occurrence éviterait d'aggraver l'effet négatif de la chute de l'emploi sur la croissance.

- une accélération de la productivité

La production par heure travaillée au Québec pourrait s'accélérer en raison du progrès de la scolarisation et du transfert progressif au Canada des avances technologiques observées ailleurs dans le monde. La recherche économique récente penche plutôt en faveur d'un effet négatif du vieillissement sur la productivité[8], mais la question n'est pas définitivement tranchée. La productivité se nourrit d'innovation et d'expérience. D'une part, ce sont les jeunes qui introduisent les nouvelles connaissances et les nouvelles entreprises pour une bonne part; or, ils seront moins nombreux. D'autre part, ce sont les travailleurs d'âge mûr qui apportent l'expérience; et ils seront plus nombreux.

Malgré les gains de productivité espérés et l'amélioration possible du marché du travail, on s'attend à ce que la chute marquée de la population des 15 à 64 ans domine l'évolution de la croissance économique à long terme. Nous allons en faire une évaluation quantitative plus loin dans le chapitre 5.

2.2   Les pressions sur les finances publiques

Malgré une certaine amélioration au cours de la dernière décennie, la situation financière du gouvernement du Québec demeure fragile : au Québec, le fardeau fiscal et les dépenses publiques sont proportionnellement plus élevés qu'ailleurs en Amérique du Nord. Une très grande partie des dépenses est allouée à un poste qui croît plus rapidement que le PIB, soit celui de la santé et des services sociaux. La dette baisse en pourcentage du PIB, mais continue d'augmenter en niveau absolu. Or, le choc démographique va encore accentuer les pressions sur les finances publiques.

2.2.1. Pressions à la hausse sur les dépenses

Les pressions accrues sur les dépenses résulteront surtout du poids démographique croissant de la population âgée.

---

8. Voir, par exemple, P. Beaudry, F. Collard et D. Green, « Le rôle des facteurs démographiques dans la croissance de la productivité », *Observateur international de la productivité*, n° 10, printemps 2005, p. 51-66.

Dépenses de santé

Le doublement du poids démographique de la population de 65 ans et plus dans les années à venir va exercer une pression considérable sur les dépenses de santé du Québec. En effet, en comparaison du groupe des 45 à 64 ans, les dépenses de santé par habitant sont trois fois plus élevées pour les 65 à 74 ans, cinq fois plus élevées pour les 75 à 84 ans, et huit fois plus élevées pour les 85 ans et plus.

Graphique 7 : **Dépenses de santé par habitant du gouvernement du Québec selon le groupe d'âge, 2004** (en dollars)

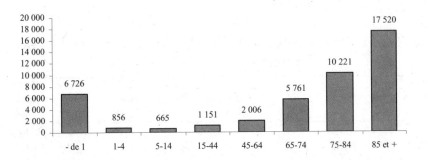

Source : ICIS (2006).

Plusieurs éléments expliquent la hausse des coûts de la santé liée au vieillissement de la population. Premièrement, il y aura une forte augmentation de la demande de services à domicile et de soins de longue durée associés à la perte d'autonomie. Cette poussée va découler non seulement de la hausse du <u>nombre</u> de personnes de 65 ans et plus, mais également d'une hausse de la <u>proportion</u> de ce groupe d'âge qui devra avoir recours au soutien public. Le nombre d'aidants naturels va en effet diminuer, puisque les nouvelles générations d'aînés ont beaucoup moins d'enfants que les anciennes générations.

Deuxièmement, la demande de services médicaux liée au vieillissement de la population va augmenter considérablement. Construit à l'aide de données fournies par le ministère de la Santé et des Services sociaux du Québec, le **tableau 4** présente la croissance de la demande de services médicaux pour certaines disciplines à partir de 2004. Les disciplines liées au vieillissement de la population sont en forte croissance; celles qui sont associées à la petite enfance sont en décroissance. Les services de gériatrie, par exemple, avec la pyramide des âges de 2051, progressent de 161 %; les services de pédiatrie, au contraire, diminuent de 17 %. Notons également que la simple application de la pyramide des âges de 2051 à la demande de services médicaux entraîne une hausse de la demande de toutes les disciplines de 35 %.

Tableau 4 :　Croissance de la demande de services médicaux

	Entre 2004 et 2011	Entre 2004 et 2021	Entre 2004 et 2031	Entre 2004 et 2041	Entre 2004 et 2051
Gériatrie	19%	58%	117%	162%	161%
Ophtalmologie	16%	44%	69%	79%	80%
Cardiologie	16%	40%	60%	67%	68%
Omnipratique	8%	20%	31%	37%	35%
Toutes les disciplines	**9%**	**22%**	**32%**	**36%**	**35%**
Pédiatrie	-2%	-5%	-10%	-15%	-17%

Sources : Calculs effectués à partir des données de l'ISQ et des données fournies par la Direction de la main-d'œuvre médicale, Direction générale des services de santé et médecine universitaire, ministère de la Santé et des Services sociaux du Québec.

Troisièmement, le vieillissement de la population va entraîner une accélération de la consommation de médicaments, étant donné que cette consommation croît avec l'âge. Cette accélération se traduira par une hausse importante des coûts du régime public d'assurance médicaments, laquelle se superposera à la forte augmentation de cette catégorie de dépenses de santé observée au cours des 25 dernières années. Le **tableau 5** montre en effet que les dépenses publiques en médicaments ont augmenté plus rapidement que les autres dépenses de santé de 1980 à 2006. Le taux de croissance annuel moyen a été de 11,8 % pour les dépenses en médicaments, comparativement à 6,5 % pour l'ensemble des dépenses, le lancement du régime public en 1996 ayant fait une grande différence.

Tableau 5 : **Dépenses de santé par affectation de fonds entre 1980 et 2006, Québec** (taux annuel moyen de croissance)

Affectation	Taux de croissance annuel moyen
Hôpitaux	5,1
Autres établissements	5,6
Médecins	5,3
Autres professionnels	6,7
Médicaments	**11,8**
Immobilisations	7,6
Santé publique	6,3
Administration	9,0
Autres dépenses de santé	9,4
Total	**6,5**

Source : ICIS (2006).

Certains avancent qu'il n'y aura pas de forte hausse des coûts de la santé liée au vieillissement de la population puisque les aînés seront en meilleure santé. Or, qu'ils soient en meilleure ou en moins bonne santé, les aînés vont coûter plus cher, principalement parce qu'ils seront beaucoup plus nombreux. De plus, un aîné en meilleure santé ne coûte pas nécessairement moins cher. Pour donner un exemple, supposons qu'une personne de 65 ans survit jusqu'à l'âge de 85 ans et coûte 5 000 dollars par année à soigner pendant vingt ans, plus

100 000 dollars la dernière année de sa vie. Le coût total des soins atteindra 200 000 dollars. Comparons sa situation à celle d'une autre personne, en meilleure santé, qui survit jusqu'à 90 ans et coûte 4 200 dollars par année (16 % moins cher), plus les 100 000 dollars de la dernière année. Cette fois-ci, le coût total sera de 205 000 dollars. Même si le coût annuel des soins est moins élevé pour l'aîné en meilleure santé, son coût cumulatif finit par être plus élevé parce qu'il survit plus longtemps et parce que la dernière année de la vie coûte aussi cher dans un cas que dans l'autre. Il n'y a pas de nécessité logique que la meilleure santé fasse diminuer le coût total des soins de santé et des services sociaux aux aînés.

Au-delà de l'effet propre du vieillissement, les analystes prévoient que d'autres facteurs seront susceptibles d'entraîner une accélération des dépenses de santé pour tous les groupes d'âge dans les années à venir : les progrès technologiques dans le domaine médical, les coûts des produits pharmaceutiques, la rémunération du personnel de la santé et les attentes du public. Le **tableau 6** montre l'évolution du taux de croissance annuel moyen des dépenses de santé corrigé de l'inflation par périodes de cinq ans de 1975 à 2006. Ce taux de croissance a beaucoup fluctué de cinq ans en cinq ans. Ce qui est remarquable, c'est sa tendance persistante à remonter au-dessus de 3,5 % par année après chaque épisode de compression (5,5 % en dollars courants, si l'on ajoute un taux d'inflation annuel de 2 %). En d'autres mots, avant même que le vieillissement de la population frappe le secteur de la santé, il s'est avéré très difficile pour le gouvernement du Québec de contenir de façon durable l'élan des dépenses de ce secteur. Cela signifie qu'il y a danger que l'impasse budgétaire du gouvernement du Québec soit d'ampleur croissante avec le temps et que la capacité d'intervention de l'État dans les autres secteurs soit de plus en plus limitée[9].

9. Il importe de souligner que la forte progression des coûts en santé n'est pas unique au Québec ou aux autres provinces canadiennes. Une projection

Tableau 6 : **Taux de croissance annuel moyen des dépenses de santé du Québec en dollars constants, 1975-2006** (en pourcentage)

Période	Taux de croissance annuel moyen
De 1975 à 1980	1,0
De 1980 à 1985	3,9
De 1985 à 1990	3,2
De 1990 à 1995	1,8
De 1995 à 2000	2,7
De 2000 à 2006	3,7

Source : ICIS (2006).

Éducation

En principe, le vieillissement de la population devra entraîner des baisses de clientèles pour certains autres services publics. L'éducation est un exemple, puisque le poids démographique des jeunes est appelé à diminuer au cours des prochaines décennies. Cela n'implique toutefois pas des économies d'une ampleur comparable aux coûts accrus en santé et en services sociaux, pour deux raisons. D'une part, la baisse du poids des jeunes sera beaucoup moins importante que la hausse du poids des aînés, comme nous l'avons vu. D'autre part, il est fort probable que le gouvernement se serve des baisses d'effectifs scolaires pour augmenter les dépenses par élève plutôt que pour diminuer les dépenses totales en éducation.

Cette tendance est déjà évidente dans l'évolution des budgets de l'éducation au cours des années récentes. Le **graphique 8**

récente de l'OCDE fait passer le ratio des dépenses publiques en santé au PIB pour la moyenne des pays membres de 7 % en 2005 à 13 % en 2050. La projection pour le Canada suit à peu près cette tendance moyenne. Voir : OCDE. *Projecting OECD Health and Long-term Care Expenditures: What are the Main Drivers?* Paris, 2006.

indique en effet que, de 1998-1999 à 2003-2004, la dépense *per capita* a continué de croître substantiellement à tous les niveaux d'éducation. Cela ne devrait surprendre personne. Dans l'avenir prévisible, les changements technologiques et la mondialisation des marchés vont exiger des investissements accrus dans le capital humain (lutte contre le décrochage, formation professionnelle et technique, études collégiales et universitaires, formation permanente). Cela rend peu probable la pleine réalisation des économies budgétaires potentielles qui découleront du vieillissement de la population.

Graphique 8 : Dépense de fonctionnement des secteurs d'enseignement au Québec, 1998-1999 à 2003-2004 (variation annuelle moyenne en pourcentage)

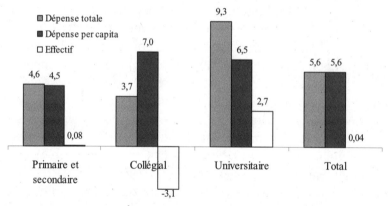

Source : Ministère de l'Éducation, du Loisir et du Sport, *Statistiques de l'éducation - édition 2005,* Enseignement primaire, secondaire, collégial et universitaire, Québec, 2005.

Régime de rentes du Québec

Afin de permettre un meilleur niveau de capitalisation pour faire face aux obligations futures, le taux de cotisation combiné des employeurs et des employés au Régime de rentes du Québec a dû être porté de 5,6 % en 1996 à 9,9 % en 2003. Toutefois, cette hausse est insuffisante. La plus récente analyse actuarielle de la Régie des rentes du Québec indique que le taux de cotisation de 9,9 % ne permet pas d'assurer un financement stable du régime à long terme[10]. À défaut de l'augmenter sans délai à 10,3 %, les générations futures seront obligées d'assumer un taux de cotisation d'environ 12,5 % même en l'absence de bonification des prestations[11].

Autres secteurs

Le vieillissement de la population nécessitera des investissements en infrastructures pour répondre aux besoins accrus, par exemple de transport adapté. Il faut également reconnaître l'immense retard du Québec dans le maintien et le développement de ses infrastructures de transport et de ses équipements municipaux. Enfin, le gouvernement devra continuer à exercer ses responsabilités dans ses autres missions : affaires municipales, agriculture, assistance-emploi, culture, développement économique, environnement, famille, immigration, justice, relations internationales, ressources naturelles, sécurité publique, tourisme et travail.

L'hypothèse minimale la plus plausible est qu'au cours des prochaines décennies les autres missions de l'État vont croître au rythme général de l'économie. Ces missions ont été largement comprimées au cours des 25 dernières années pour faire de la place à la santé et à l'éducation. Mais l'étendue des dommages causés par ces compressions est importante et visible. Une reprise des dépenses dans ces missions va sans doute se produire

---

10. Régie des rentes du Québec, *Analyse actuarielle du Régime de rentes du Québec au 31 décembre 2003*, Québec, 2003, p. 45.

11. Bien que faisant partie du problème du changement démographique et que le taux de cotisation devrait être ajusté pour assurer la pérennité du régime, nous n'en tiendrons pas compte dans notre projection des finances publiques du Québec à long terme.

à court terme et leur croissance à long terme va en toute probabilité suivre celle de l'activité économique en général. Elles ne pourront indéfiniment croître moins rapidement que le PIB.

2.2.2. Pressions à la baisse sur les revenus autonomes

Non seulement les changements démographiques entraîneront des pressions à la hausse sur les dépenses publiques, mais, en provoquant un ralentissement de la croissance économique, ils auront aussi une influence négative sur les revenus autonomes du gouvernement. En effet, malgré les adaptations espérées du marché du travail (hausse du taux d'emploi, stabilisation des heures travaillées par personne employée, accélération de la productivité), il est inévitable que la diminution du bassin potentiel de travailleurs dans les âges de 15 à 64 ans ralentisse la croissance économique.

À son tour, à dispositions fiscales inchangées, le ralentissement de la croissance économique amènera un ralentissement à peu près équivalent de la croissance des revenus autonomes du gouvernement. Les revenus autonomes additionnent les revenus fiscaux (impôts sur le revenu des particuliers et des sociétés, taxe sur le capital, cotisations au Fonds des services de santé, taxes sur la consommation, droits et permis, etc.) et les revenus tirés des sociétés d'État (Hydro-Québec, Loto-Québec, Société des alcools, Société générale de financement, etc.). Les données fiscales du Québec indiquent qu'au cours des cinq derniers exercices financiers les revenus autonomes du gouvernement du Québec ont représenté un pourcentage à peu près fixe du PIB, soit 16,7 %. À long terme, la croissance moins rapide du PIB va s'accompagner de ralentissements, à peu près proportionnels, de la croissance des revenus d'emploi, des bénéfices des sociétés et de la consommation. En gros, les recettes autonomes du Québec qui s'appliquent sur ces revenus et ces assiettes fiscales suivront la tendance.

Une exception notable à la règle sera le revenu net que le gouvernement va tirer des régimes de retraite privés comme les régimes enregistrés d'épargne-retraite (REER) et les régimes de pension agréés (RPA). Nous allons revenir sur cette question dans les chapitres 3 et 4.

2.3 Résumé des constats sur la croissance économique et les finances publiques

- La forte baisse de la population québécoise entre 15 et 64 ans va ralentir sensiblement la croissance économique.

- Cet effet négatif sur la croissance économique pourra être atténué (mais non renversé) si le taux d'emploi bénéficie d'une hausse générale, si l'âge moyen de la retraite augmente, si les heures travaillées par personne employée cessent de diminuer et se stabilisent, et si la production par heure travaillée (la productivité) s'accélère.

- Les dépenses publiques de santé seront en forte progression.

- Il y aura des économies potentielles en éducation, mais elles seront difficiles à réaliser pleinement.

- Le taux de cotisation au Régime de rentes du Québec devra être relevé[12].

- Les autres missions de l'État ne pourront être indéfiniment comprimées.

---

12. Par souci de simplicité, nous ne tiendrons toutefois pas compte du manque à gagner au Régime de rentes du Québec dans notre analyse chiffrée de l'impasse budgétaire du gouvernement du Québec aux chapitres 4 et 5.

- Les revenus autonomes de l'État subiront un ralentissement proportionnel à celui de la croissance économique.

Donc, considérant les pressions importantes attendues sur les finances publiques et le fardeau fiscal déjà élevé pour les contribuables québécois, on peut anticiper un retour aux déficits chroniques si rien n'est fait pour contrer ces tendances.

DEUXIÈME PARTIE

Une impasse budgétaire appréhendée

Chapitre 3

La notion d'équité entre les générations

La question du changement démographique et de son incidence sur les finances publiques ne date pas d'hier. Plusieurs chercheurs ont étudié une ou plusieurs des conséquences du renversement de la pyramide des âges qui est en train de se produire dans les pays industrialisés. Le présent chapitre vise à souligner quelques contributions notables qui ont servi de base à notre étude. Elle met l'accent sur les outils de mesure et d'analyse employés par les divers auteurs, tout en accordant une place prépondérante aux études réalisées au Canada.

Auerbach et Kotlikoff

Un déficit budgétaire est une addition à la dette publique sur laquelle il faut payer des intérêts chaque année dans l'avenir. C'est pourquoi la dette soulève immédiatement la question de l'équité entre les générations. Sommes-nous en train de faire des déficits sur le dos des générations futures ? Les déficits servent-ils à financer des dépenses courantes dont nous sommes les seuls bénéficiaires, mais dont le coût sera assumé par nos enfants ? Depuis qu'Ottawa et Québec ont éliminé les déficits budgétaires (du moins ceux qui ne servent pas à acquérir des éléments d'actif), on se demande maintenant si l'on doit aller encore plus loin, c'est-à-dire faire des excédents permettant de rembourser la dette existante. Naturellement, l'attention se porte entièrement sur l'information qui est transmise chaque année dans les documents budgétaires.

C'est Kotlikoff[13] et Auerbach, Kotlikoff et Leibfritz[14] qui ont contribué le plus à promouvoir l'idée que l'information budgétaire courante est partielle et que de nouveaux outils sont nécessaires pour traiter de la question de l'équité entre générations. Ils soutiennent que la question qu'on doit se poser en tant que société est : « Est-ce que notre façon de faire actuelle va entraîner une hausse démesurée du fardeau fiscal des générations futures? » Ils considèrent que la façon de faire d'un gouvernement à un moment donné constitue un engagement implicite de sa part à continuer à offrir les services publics dans les années à venir et qu'il doit s'assurer que les générations futures aient les moyens de ces ambitions, quels que soient les changements démographiques pouvant survenir dans l'intervalle.

L'outil développé par Auerbach, Kotlikoff et leurs collègues s'appelle la *comptabilité intergénérationnelle*. Cette technique permet une analyse fiscale de long terme en comparant le fardeau fiscal des générations passées, présentes et futures afin de déterminer si la façon de faire actuelle du gouvernement est soutenable. Plus précisément, on calcule la valeur présente des impôts qu'un contribuable moyen de chacune des générations devra débourser, de laquelle on réduit les transferts auxquels il aura droit, afin de déterminer son fardeau fiscal net. Si un tel outil permet de donner un portrait de la situation à un moment précis, il s'avère aussi une façon d'évaluer les répercussions d'un

---

13. Laurence J. Kotlikoff, « Generational Accounting : Knowing Who Pays, and When, for What We Spend » *Journal of Economic Literature*, vol. 31, n° 1, mars 1993, p. 257-259.

14. Alan J. Auerbach, Laurence J. Kotlikoff et Willi Leibfritz, *Generational Accounting around the World*, NBER, University of Chicago Press, 1999.

changement de politique sur l'équité entre les générations. Cette vision des choses est dans la droite ligne du concept de développement durable, puisque l'objectif poursuivi est d'assurer le bien-être des générations d'aujourd'hui sans compromettre celui des générations de demain.

Oreopoulos et Vaillancourt

Au Canada, Oreopoulos et Vaillancourt[15] ont eu recours à cette technique d'analyse pour examiner les conséquences à long terme de diverses politiques financières du secteur public. Leurs travaux ont porté sur l'ensemble des administrations publiques du pays. Plus précisément, ils ont voulu voir comment différents scénarios financiers affectaient le fardeau fiscal des générations. À l'époque, tout juste après l'apparition d'excédents budgétaires à Ottawa, la façon d'utiliser les surplus constituait déjà un sujet de discussion très répandu. Les auteurs ont ainsi évalué trois types de scénarios : l'accroissement des dépenses, la réduction des impôts et le remboursement de la dette publique.

Étudiant la période 1995-2050, Oreopoulos et Vaillancourt ont conclu que, dans un scénario d'affectation des excédents au remboursement de la dette, la politique budgétaire canadienne était « soutenable ». Le fardeau fiscal net des enfants à naître serait de 38 %, alors que la génération née en 1940 (âgée de 55 ans en 1995) aurait versé 32 % de ses revenus en impôts nets. Les scénarios axés sur l'augmentation des dépenses ou sur la réduction des impôts constituent, à l'inverse, des voies qui ne respectent pas l'équité intergénérationnelle. Dans ces deux cas, le fardeau fiscal net des enfants à naître atteindrait 55 %. Le constat de ces auteurs était frappant. Il démontrait que le vieillissement démographique à venir représentait un défi de

---

15. Philip Oreopoulos et François Vaillancourt, « Taxes, Transfers, and Generations in Canada: Who gains and Who Loses from the Demographic Transition », *Commentaire 107,* Institut C.D. Howe, 1998, 24 p.

taille pour le Canada et exigeait qu'on fasse une priorité du remboursement de la dette.

Joanis et Montmarquette

Joanis et Montmarquette[16] ont abondé dans le même sens dans une étude récente portant sur la dette publique du Québec. Selon ces auteurs, le gouvernement du Québec devrait se doter d'une politique explicite sur la dette publique. Ils ont exprimé l'avis que la croissance économique ne suffira pas, à elle seule, à restaurer l'équité entre les générations et à faire face aux pressions associées aux changements démographiques. Ils ont recommandé que le gouvernement du Québec réalise un surplus budgétaire annuel de 1 milliard de dollars, par l'entremise d'une réserve pour éventualité, et mette en place un fonds de stabilisation.

Conference Board du Canada

À la demande de la Commission sur le déséquilibre fiscal créée en 2001 par le gouvernement du Québec, le Conference Board du Canada a effectué en 2002 une projection des finances publiques fédérales et provinciales jusqu'en 2019-2020[17]. L'organisme a produit une prévision des surplus ou des déficits des deux ordres de gouvernement en se basant sur les politiques fiscales et budgétaires de l'époque et en se servant de ses propres prévisions économiques. Il en est ressorti que le gouvernement fédéral s'acheminait vers des surplus à répétition, tandis que le gouvernement québécois allait vers une série de déficits. Par conséquent, la dette fédérale allait diminuer considérablement, alors qu'à l'inverse la dette provinciale allait fortement augmenter lors de la période de prévisions.

---

16. Marcelin Joanis et Claude Montmarquette, « La dette publique : un défi prioritaire pour le Québec », *IRPP, Choix*, vol. 10, n° 9, octobre 2004.

17. Conference Board du Canada, *Projection des équilibres financiers des gouvernements du Canada et du Québec*, préparé pour la Commission sur le déséquilibre fiscal, février 2002.

Les résultats obtenus ont permis au Conference Board d'affirmer que la principale cause de ce déséquilibre était le budget de la santé, puisque ce poste de dépenses augmentait beaucoup plus rapidement que les recettes gouvernementales. Outre qu'elle a révélé la présence d'un déséquilibre fiscal dans la fédération canadienne, l'étude a sonné l'alarme sur la viabilité à long terme de la politique budgétaire québécoise. De plus, elle a fait le constat qu'en 2019-2020 le problème ne ferait que commencer, puisqu'à cette date les *baby-boomers* seraient encore loin d'être parvenus au sommet de la pyramide des âges. La détérioration des finances publiques du Québec s'annonçait encore plus grande au cours des décennies suivantes.

Mérette

Mérette[18] a présenté ensuite une critique des thèses qu'il juge « apocalyptiques » sur les conséquences néfastes du vieillissement démographique. Il exprime l'avis que divers mécanismes économiques et institutionnels vont grandement atténuer l'effet de ce choc sur l'économie et les finances publiques. Selon lui, le facteur qui sera déterminant pour notre capacité de nous adapter au vieillissement est le capital humain. En raréfiant le travail relativement aux équipements de production, le vieillissement aura pour effet d'augmenter les salaires (le prix du travail) relativement au coût de ces équipements. Les gens auront alors intérêt à investir davantage dans le capital humain (éducation et formation), ce qui aura un effet bénéfique sur la productivité des travailleurs. De plus, selon Mérette, la pénurie relative de travailleurs fera augmenter le taux d'activité et atténuera ainsi les dégâts causés par la sortie massive des *baby-boomers*. Enfin, l'auteur considère probable que la pénurie de main-d'œuvre déclenche aussi un

---

18. Marcel Mérette, « The Bright Side: A Positive View on the Economics of Aging », *IRPP, Choix,* vol. 8, n° 1, mars 2002.

accroissement de l'immigration et des grands changements technologiques, ce qui améliorera encore la productivité.

Dans les termes de l'équation présenté au chapitre 2 de la présente étude, Mérette pense que la baisse de la population en âge de travailler (A) sera accompagnée par une augmentation concomitante et plus ou moins automatique de l'immigration (ce qui réduira la baisse de A), de la productivité (Q) et du taux d'emploi (E), de sorte que l'effet négatif sur le PIB réel $Y = Q \times H \times E \times A$ en sera grandement atténué[19].

Mérette ajoute un élément que nous avons mentionné au chapitre 2 et sur lequel nous allons revenir au chapitre 4 : l'évolution des programmes d'impôts reportés attachés aux REER et aux RPA. Jusqu'ici, les versements à ces régimes ont dépassé les retraits, occasionnant une dépense fiscale aux gouvernements. Mérette suppose qu'avec le vieillissement les prestations de ces régimes finiront par dépasser les cotisations et deviendront une source de revenu net pour les gouvernements. Cette inversion aurait un effet positif sur les finances publiques et atténuerait l'effet négatif de la baisse de l'activité économique sur les recettes fiscales. Toutefois, une telle hypothèse est mise en question par des données récentes rapportées par Girard[20]. Ces données laissent entrevoir que les versements des nouvelles générations tendent à s'accroître et que les dépenses fiscales nettes du gouvernement du Québec ne diminueront que faiblement et demeureront un coût net pour le gouvernement.

---

19. L'optimisme de Mérette n'est pas partagé par Van Audenrode, dont le discours présidentiel à la Société canadienne de science économique (2002) contient une analyse du marché du travail québécois qui le porte à conclure que le PIB québécois va ralentir de façon marquée malgré ces facteurs compensatoires.

20. Stéphane Girard, *Impact du vieillissement démographique sur l'impôt prélevé sur les retraits des régimes privés de retraite*, Document de travail présenté lors du 44e congrès annuel de la Société canadienne de science économique en mai 2004.

Notre approche de l'estimation de cette dépense fiscale va reposer sur les comportements par groupe d'âge en matière d'entrées et de sorties de fonds pour estimer leur évolution dans le futur. Elle sera décrite plus en détail au chapitre 4.

Robson

Robson[21] s'est intéressé lui aussi à l'incidence du choc démographique sur les finances des administrations publiques au Canada. Contrairement à Oreopoulos et Vaillancourt, il prend soin de distinguer les répercussions du vieillissement sur les finances fédérales et sur celles de chaque province. De plus, il retient un horizon de 50 ans (2001 à 2051), qui est plus long de 30 ans par rapport à celui du Conference Board. Il concentre son attention sur quatre types de dépenses gouvernementales étroitement liées à la démographie : les dépenses de santé, les dépenses d'éducation, les prestations aux aînés et les prestations pour enfants. Son approche ressemble à la comptabilité intergénérationnelle d'Auerbach et Kotlikoff, mais elle recourt à une mesure plus synthétique et plus transparente.

Pour chaque programme, chaque administration publique et chaque année de l'horizon, il compare ce que coûterait le programme s'il absorbait la même part du PIB qu'en 2001 et ce qu'il coûtera en fait s'il respecte le niveau de service implicitement ou explicitement promis par l'administration en 2001, mais en se conformant à l'évolution démographique prévue. Ensuite, pour le programme et l'administration considérés, il actualise la somme de ces différences annuelles de coûts de 2001 à 2051 en employant un taux d'actualisation de 6 %. Une valeur actualisée négative, comme dans le cas des dépenses provinciales de santé, signifie que les changements démographiques vont rendre le programme plus onéreux; une

---

21. William B.P. Robson, « Time and Money: The Fiscal Impact of Demographic Change in Canada », *Commentaire 185,* Institut C. D. Howe, juillet 2003.

valeur actualisée positive, comme dans le cas des dépenses provinciales d'éducation, veut dire au contraire que le programme va coûter moins cher par suite des changements démographiques. Dans le premier cas, la valeur actualisée négative constitue un passif engendré par l'évolution démographique. Il s'agit du montant dont le gouvernement devrait disposer dans un « fonds des générations » en 2001 pour être capable de respecter ses obligations futures sans avoir à augmenter les impôts et les taxes même si la démographie fait augmenter le coût du programme. Dans le second cas, la valeur actualisée positive constitue, à l'inverse, un actif engendré par l'évolution démographique. Il s'agit du montant que le gouvernement pourrait ajouter à sa dette tout en demeurant néanmoins capable de respecter ses obligations futures à fiscalité inchangée même si la démographie fait diminuer le coût du programme.

Les calculs de Robson sont sensibles à l'hypothèse retenue pour la croissance de la productivité (Q) et, par conséquent, du PIB réel (Y). Plus la productivité ira bon train, moins il sera coûteux pour les administrations provinciales de respecter leurs obligations futures, notamment en matière de santé. Dans une mise à jour récente de ses calculs, Robson[22] suppose que le taux de croissance annuel moyen de la productivité atteindra 1,5 % au cours des décennies à venir et emploie un taux d'actualisation de 5 %. Il trouve que les changements démographiques prévus pour le Québec engendrent, en 2005, un passif de 287 milliards de dollars dans le secteur de la santé et un actif de 61 milliards de dollars dans le secteur de l'éducation, soit au total un passif net de 226 milliards de dollars pour ces deux programmes de dépenses. Cet engagement net d'origine démographique pour la santé et l'éducation équivaut à 82 % du PIB du Québec de 2005. Pour les autres provinces, le fardeau démographique sera moins

---

22. William B.P. Robson, « Time and Money: Tracking the Fiscal Impact of Demographic Change in Canada », *E-Brief*, Institut C.D. Howe, octobre 2006.

lourd à supporter. Leur engagement net collectif au titre de ces deux programmes est estimé par Robson à 57 % de leur PIB de 2005.

Hauner

On peut reprocher à Robson d'avoir négligé les dépenses publiques qui ne sont pas reliées à l'âge. Cette omission cache l'hypothèse implicite que les autres dépenses vont rester stables en pourcentage du PIB. Elles ne sont considérées ni comme un actif ni comme un passif. Une récente publication du Fonds monétaire international (FMI) préparée par Hauner[23] porte sur cet aspect particulier de la méthodologie des auteurs qui ont abordé la question du choc démographique et des finances publiques dans les pays de l'OCDE. Hauner conteste l'hypothèse, utilisée par la plupart des projections, que les dépenses publiques non reliées à l'âge croissent au même rythme que le PIB. Il rapporte qu'au cours de la période 1990-2003, pour plus de la moitié des pays observés, les dépenses non reliées à l'âge ont en fait augmenté moins vite que le PIB. Il importe de retenir cette critique. Elle ne veut pas dire que l'hypothèse d'un rapport stable entre les dépenses non reliées à l'âge et le PIB est inconvenante, mais qu'il est toujours important de la justifier dans chaque cas d'espèce. Hauner lui-même convient que maintenir ces dépenses constantes en termes réels par habitant – plutôt qu'en pourcentage du PIB – peut être faisable à court terme, mais qu'elle peut s'avérer politiquement impossible à long terme.

La présente étude se démarque de quatre manières de celles qui viennent d'être énumérées. Premièrement, elle porte exclusivement sur le Québec. Elle se veut plus complète et plus détaillée sur les hypothèses retenues pour les projections démographiques et financières à long terme concernant le

---

23. David Hauner, *Aging: Some Pleasant Fiscal Arithmetic*, IMF Working paper, WP/05/71, avril 2005.

Québec. Deuxièmement, elle va présenter une nouvelle méthode de calcul des entrées et des sorties de fonds des REER et des RPA. Troisièmement, les hypothèses qu'elle introduit sur le comportement futur du marché du travail et de la productivité cherchent à éviter de surestimer l'effet négatif des changements démographiques sur les finances publiques. Il s'agit donc d'une approche délibérément conservatrice ou optimiste. Quatrièmement, l'étude ne fait pas qu'exposer les difficultés financières engendrées par le vieillissement de la population. Elle propose plusieurs moyens d'interventions pour réduire la facture du vieillissement et introduire la plus grande mesure d'équité intergénérationnelle possible. Ce qui est recherché, c'est le développement durable des services publics.

Le prochain chapitre présente en détail les hypothèses que nous avons utilisées pour construire une projection quantitative des variables économiques et budgétaires à long terme.

Chapitre 4

Nos hypothèses sur les variables économiques et budgétaires

Les changements profonds que connaîtra la structure démographique québécoise au cours des prochaines décennies auront des conséquences défavorables pour la croissance économique, pour les revenus du gouvernement et pour la demande et le coût des services publics. Afin de parvenir à une appréciation quantitative de ces conséquences, le présent chapitre propose une méthode et des hypothèses permettant de construire un <u>scénario de référence</u> acceptable.

4.1   Projection des variables économiques

Population

Pour l'ensemble de nos projections, nous utilisons la population québécoise et la pyramide des âges établie selon le scénario de référence (scénario A) de l'Institut de la statistique du Québec (ISQ), qui présente les perspectives démographiques du Québec jusqu'en 2051[24]. Ce scénario de l'ISQ incorpore les paramètres

---

24. ISQ, 2004.

clés de la démographie québécoise concernant la natalité, la mortalité et le solde migratoire international et interprovincial[25].

Taux d'emploi et nombre de travailleurs

Nous greffons au scénario démographique de l'ISQ plusieurs hypothèses concernant l'évolution future du marché du travail québécois. Premièrement, nous faisons croître le taux d'emploi de la population en âge de travailler. Il semble assez clair, en effet, que les taux d'emploi des groupes âgés de 15 à 64 ans, de 65 à 69 ans et même ceux des 70 ans et plus sont encore en mode rattrapage au Québec. L'intégration des femmes en emploi et la hausse de la scolarisation vont se poursuivre pendant encore quelques années, ce qui devrait contribuer à accroître le taux d'activité et réduire le taux de chômage de ces groupes.

Nous faisons passer le taux d'emploi des 15 à 64 ans de 70 % en 2005 à 74 % en 2031. Nous adoptons un scénario analogue pour le taux d'emploi des 65 à 69 ans. Il était de 12 % en 2005 et nous le faisons croître de 50 %, pour lui faire atteindre 18,5 % en 2031. Ces taux équivalent aux taux les plus élevés observés en Ontario depuis une vingtaine d'années. Pour ce qui est du taux d'emploi des 70 ans et plus, nous le faisons varier de son taux de 2,4 % en 2005 à 4,3 % en 2031. Ce taux est le taux atteint en Ontario en 2005. Nous maintenons ensuite ces taux d'emploi constants jusqu'en 2051. Le nombre de travailleurs est obtenu en appliquant les taux d'emploi projetés aux populations de chaque groupe d'âge prévues par l'ISQ.

---

25. Dans le scénario de référence A de l'ISQ, la fécondité est de 1,46 enfant par femme en 2001 et augmente à 1,5 enfant en 2003-2004. Le solde migratoire se stabilise à 19 000 personnes en 2006-2007. La mortalité diminue régulièrement sur tout le territoire jusqu'à la fin de la période de projection en 2051. Au Québec, l'espérance de vie à la naissance est alors de 84,5 ans pour les hommes et de 88,5 ans pour les femmes en comparaison de 76,5 ans et 82,0 en 2001. En 2006, la migration interrégionale est stabilisée sur la moyenne des périodes 1991-1996 et 1996-2001.

Inflation

La cible d'inflation de la Banque du Canada est de 2 % par année depuis 1995. Elle a été atteinte et elle vient d'être confirmée à ce même niveau jusqu'en 2011. Étant donné que rien ne permet d'anticiper des modifications à la politique de la Banque du Canada, nous utilisons un taux d'inflation de 2 % pour toute la période.

Productivité

Le taux de croissance annuel moyen de la productivité horaire n'a été que de 1,0 % au Québec de 2000 à 2005, ce qui est nettement inférieur à celui de 1,5 % qui a été observé sur la période 1989-2000. Nous faisons l'hypothèse que la productivité va remonter progressivement et retrouver son rythme de croissance annuel de 1,5 % en 2031. Nous maintenons ensuite ce taux constant jusqu'en 2051. Nous faisons donc l'hypothèse que la productivité ne souffrira pas du vieillissement de la population active.

Croissance économique

Pour projeter le PIB réel du Québec, nous utilisons l'équation suivante :

$$Y = Q \times H \times T$$

où, $Y =$ PIB réel,
$Q =$ productivité horaire,
$H =$ nombre moyen d'heures travaillées par personne employée
$T =$ $E \times A$, soit le nombre de travailleurs ou de personnes employées.

Nous faisons l'hypothèse que H, le nombre moyen d'heures travaillées par personne employée, cesse de diminuer après 2005 et demeure inchangé jusqu'en 2051. La projection du PIB réel Y (en dollars constants de 2005) part de la valeur du PIB observée en 2005 et lui applique cumulativement, chaque année, les facteurs d'augmentation postulés pour la productivité horaire Q et le nombre de travailleurs T. La projection du PIB nominal ajoute chaque année à ces deux facteurs le facteur d'inflation annuel constant de 2 %.

Taux d'actualisation

Si, dans un premier temps, notre exercice vise à projeter les finances publiques du Québec jusqu'en 2051, il s'avère nécessaire d'additionner les engagements implicites futurs afin de les ramener en dette actuelle. Mais, si l'on veut additionner les déficits futurs aux déficits actuels, il faut tenir compte du fait qu'un dollar à payer en 2030 ou en 2050 n'a pas la même valeur qu'un dollar qu'il faut payer dès aujourd'hui. Il faut donc accorder une pondération plus faible aux déficits futurs qu'aux déficits d'aujourd'hui. Pour ce faire nous devons utiliser ce que les économistes et les financiers appellent un taux d'actualisation. Ce taux doit représenter le rendement d'un fonds dans lequel nous pourrions faire des contributions pour faire face à ces engagements implicites. Nous avons choisi un taux de 6,7 % en ajoutant le taux d'inflation annuel retenu de 2 % au taux de rendement réel moyen de 4,7 % par année escompté par la Régie des rentes du Québec pour la période 2004-2055[26]. À noter que, sur la base de la dernière évaluation actuarielle du Régime de retraite des employés du gouvernement et des organismes publics (RREGOP), le taux de rendement anticipé pour le Fonds de générations d'ici à 2025 est de 7,7 % par an en moyenne[27].

---

26. Régie des rentes du Québec (2003), *op. cit.,* note 10, p. 25.

27. Québec, ministère des Finances, *Le Fonds des générations,* Québec, 2006, p. 35.

4.2   Projection des dépenses budgétaires

Santé

Avant même que le vieillissement de la population ne gonfle la demande de soins de santé et de services sociaux, le budget du ministère de la Santé et des Services sociaux constitue déjà le principal poste budgétaire du gouvernement du Québec[28]. Dans le budget 2005-2006, les dépenses de ce secteur ont atteint 20,8 milliards de dollars. Les hypothèses sur l'évolution des dépenses de santé sont donc cruciales pour apprécier les tendances futures des finances publiques du Québec.

Pour juger de cette évolution, nous avons utilisé les données de dépenses de santé par groupe d'âge et par sexe au Québec de l'Institut canadien d'information sur la santé (ICIS). Les dernières données disponibles sont celles de l'année 2004[29]. Nous majorons ces données d'un taux uniforme qui permet de rendre leur somme égale aux dépenses budgétaires totales du ministère de la Santé et des Services sociaux pour l'exercice 2005-2006. Une hypothèse sous-jacente de cette procédure est que nous attribuons aux dépenses de services sociaux la même répartition par groupe d'âge et par sexe qu'aux dépenses de santé. Le résultat pour chaque groupe démographique (âge et sexe) est alors divisé par sa population correspondante de 2005 afin de produire une estimation de la dépense par habitant du groupe pour cette année de départ.

En multipliant ensuite la dépense par habitant de chaque groupe d'âge par sa population prévue pour chaque année jusqu'en 2051, nous obtenons une projection de la dépense qui lui est attribuable pour les 46 années de l'horizon. Cette projection est

---

28. Québec, Conseil du Trésor, *Budget de dépenses 2006-2007, volume II, Crédits des ministères et organismes pour l'année financière se terminant le 31 mars 2007,* Québec, 2006, p. B-3.

29. ICIS, 2006, *op. cit.*

mue seulement par l'évolution démographique et le vieillissement, puisqu'elle est calculée en fonction d'une dépense par habitant constante. Elle ne tient pas compte des facteurs d'évolution de la dépense par habitant elle-même, comme l'introduction de nouvelles technologies et de nouveaux médicaments, l'utilisation croissante des services, l'amélioration des conditions de travail du personnel médical et hospitalier et l'inflation.

Pour tenir compte de ces derniers éléments dans la projection des dépenses de santé, nous devons introduire une estimation de la croissance annuelle de la dépense par habitant. Nous avons choisi d'appliquer un taux d'augmentation annuel uniforme de 1,5 % à la dépense par habitant de chaque groupe démographique. La dépense totale est ensuite majorée du taux général d'inflation de 2 %. Le chiffre de 1,5 % représente à nos yeux une estimation raisonnable basée sur l'observation qu'entre 1996 et 2005 les dépenses réelles de santé par habitant, sans tenir compte du vieillissement de la population, ont crû à un rythme qui a oscillé entre 1,2 % et 1,7 % par année.

Éducation

Le vieillissement de la population va s'accompagner d'une baisse du poids des enfants et des jeunes adultes dans la population totale du Québec. Cette évolution prévue permettra des économies budgétaires dans les domaines de l'éducation et des services de garde. Pour commencer avec l'éducation, il faut d'abord noter que les dépenses du gouvernement dans ce secteur sont importantes. Dans le budget de 2005-2006, elles se sont chiffrées à 11,5 milliards de dollars[30].

---

30. Québec, Conseil du Trésor, 2006, *op. cit.,* p. 8-5 à 8-9. Les crédits considérés sont ceux de l'aide financière aux études, de l'éducation préscolaire, de l'enseignement primaire et secondaire et de l'enseignement collégial et universitaire. Les autres crédits relatifs à l'éducation sont inclus dans le poste résiduel des « autres dépenses » que nous considérons plus loin.

Au départ, le budget des dépenses 2005-2006 du Québec[31] indique les crédits consacrés aux commissions scolaires et aux établissements postsecondaires (cégeps, universités, etc.), y compris l'aide financière aux études. En divisant ces deux montants par la population du Québec de 0 à 14 ans et de 15 à 24 ans, respectivement, nous avons obtenu les dépenses par enfant ou jeune adulte en âge d'aller à l'école pour l'année 2005-2006.

Notre projection des dépenses budgétaires d'éducation dans l'avenir s'appuie alors sur l'évolution des dépenses par élève par secteur d'enseignement de 1989 à 2003[32]. Au cours de cette période, ces dépenses (purgées de l'inflation) ont crû de 0,46 % par année par élève dans le secteur primaire et secondaire et de 1,27 % par étudiant dans le secteur postsecondaire. Nous utilisons ces taux de croissance et les appliquons comme augmentation annuelle uniforme aux données de 2005-2006 pour les deux groupes d'âge, puis ce résultat est multiplié par la population projetée par groupe d'âge chaque année de 2006-2051. La dépense annuelle totale est ensuite majorée du taux général d'inflation de 2 %.

Services de garde

Du côté des services de garde, nous commençons par diviser les crédits gouvernementaux de l'année financière 2005-2006[33] par la population de 0 à 4 ans. Nous obtenons ainsi la dépense en services de garde par enfant d'âge préscolaire pour cette année de base. Nous appliquons ensuite cumulativement l'évolution démographique prévue et le facteur général d'inflation de 2 % à cette dépense par enfant afin d'engendrer notre projection

---

31. *Ibid.*

32. Données sur les dépenses par élève fournies par le ministère de l'Éducation, du Loisir et du Sport.

33. Québec, Conseil du Trésor, 2006, *op. cit.*, p. 10-9.

jusqu'en 2051. Contrairement au cas de l'éducation, cette projection n'incorpore aucune augmentation de la dépense réelle en services de garde par enfant au cours des 46 années.

Dette et service de la dette

À la fin de l'exercice 2005-2006, la dette du gouvernement du Québec s'élevait à 118,2 milliards de dollars[34]. Même si la Loi sur l'équilibre budgétaire[35] en vigueur depuis 1996 interdit au gouvernement d'encourir des déficits budgétaires qui ajouteraient à la dette, la dette totale du gouvernement a néanmoins augmenté depuis le retour de l'équilibre budgétaire en 1998. Il faut comprendre que les règles comptables du gouvernement en vigueur depuis 1997-1998 lui permettent de s'endetter pour acquérir des éléments d'actif. En particulier, les dépenses d'immobilisation sont financées par emprunt. Ils font donc augmenter la dette, même s'il s'agit d'opérations « extra-budgétaires ». Seuls l'amortissement et les charges d'intérêt sur l'emprunt sont comptabilisés annuellement dans le budget lui-même. Le gouvernement du Québec contracte également une dette annuelle parce qu'il comptabilise dans ses revenus budgétaires la totalité des bénéfices réalisés par les sociétés d'État (comme Hydro-Québec, Loto-Québec, etc.) et qu'il inscrit comme emprunt la portion de ces bénéfices qu'il ne reçoit pas comme dividendes et qu'il choisit plutôt de laisser à la trésorerie de ces entreprises. À l'heure actuelle, ces deux éléments – les immobilisations et les réinvestissements de bénéfices dans les sociétés d'État – expliquent, à eux seuls, une large part de l'augmentation annuelle de la dette.

Notre projection de l'évolution future de la dette du gouvernement du Québec est basée sur la croissance de la dette

---

34. Québec, ministère des Finances, *Budget 2006-2007. Plan budgétaire*, Québec, mars 2006, section 2, p. 23.

35. L.R.Q., chapitre E-12.00001. Cette loi portait auparavant le titre de Loi sur l'élimination du déficit et l'équilibre budgétaire.

observée depuis l'atteinte du déficit zéro en 1998-1999. Or, de 1998 à 2005, le montant de l'augmentation annuelle de la dette équivaut en moyenne à 1 % du PIB. Nous conservons ce taux d'accroissement de l'endettement pour toute la période de 2006 à 2051. Compte tenu des investissements massifs annoncés dans les infrastructures québécoises pour les années à venir, cette hypothèse nous semble conservatrice[36].

Nous obtenons ensuite une projection du service de la dette jusqu'en 2051 en multipliant la dette de chaque année par le taux d'intérêt moyen applicable. Nous avons fixé à un niveau constant de 6,3 % le taux d'intérêt moyen sur les emprunts du gouvernement du Québec. Ce choix est fondé sur la projection la plus récente du taux d'intérêt sur les obligations dix ans du gouvernement fédéral, que les prévisionnistes de l'Université de Toronto ont établi à 5,8 % pour les 25 prochaines années[37] et auquel il faut ajouter la prime habituelle de 0,5 % sur les obligations du Québec.

Autres dépenses

En sus des dépenses pour la santé, l'éducation, les services de garde et le service de la dette, le gouvernement du Québec effectue des dépenses aux titres des affaires municipales, de l'agriculture, de l'assistance-emploi, de la culture, du développement économique, de l'environnement, de la famille, de l'immigration, de la justice, des relations internationales, des ressources naturelles, de la sécurité publique, du tourisme, des

---

36. Le gouvernement du Québec a indiqué récemment que les 4,7 G$ investis en 2006-2007 dans le maintien et le développement des infrastructures représentent près du double du niveau atteint, en moyenne, de 1997-1998 à 2002-2003. Il a en même temps annoncé que ces efforts vont se poursuivre. Voir : Québec, ministère des Finances, *Le point sur la situation économique et financière du Québec*, automne 2006.

37. Peter Dungan et Steve Murphy, *Long-term Outlook for the Canadian Economy*, PEAP Policy Study 2206-2, Policy and Economic Analysis Program, Institute for Policy Analysis, University of Toronto, février 2006.

transports et du travail. Même si beaucoup moins de ces dépenses vont subir l'influence du vieillissement démographique, elles fluctueront néanmoins dans le temps.

En 2005-2006, ces « autres dépenses » du gouvernement du Québec représentaient 17,9 milliards de dollars, ou 6,5 % du PIB. Notre projection maintient ce taux constant en pourcentage du PIB pour les 46 ans de l'horizon envisagé. Naturellement, certains des postes énumérés peuvent faire l'objet de compressions. Mais d'autres sont appelés à prendre de l'importance dans les années à venir – par exemple, l'environnement et le développement durable. Au total, il nous paraît raisonnable de penser que la demande de services publics sous-jacente à ces « autres dépenses » va se développer au même rythme que la richesse collective.

4.3   Projection des recettes budgétaires

Transferts fédéraux

Les transferts fédéraux au Québec regroupent principalement les paiements de péréquation et les transferts au titre de la santé et des programmes sociaux. Ils ont fait l'objet de nombreuses modifications ces dernières années faisant ainsi fortement fluctuer leur importance financière. Malgré le budget fédéral 2007 qui a modifié l'établissement des transferts fédéraux en vue de rétablir l'équilibre fiscal entre le gouvernement fédéral et les provinces, nous pouvons dire qu'ils resteront encore sous observation, du moins pour un certain temps. Ainsi, quoi qu'il arrive, il demeure difficile de savoir comment les transferts fédéraux vont évoluer à long terme. Entre 1997-1998 et 2005-2006, leur poids à l'intérieur du PIB a oscillé entre 3,1 % et 4,2 %. Dans ce contexte incertain, il nous a semblé que l'hypothèse la plus réservée consistait à supposer que les transferts fédéraux resteront stables en pourcentage du PIB sur l'horizon étudié. En 2005-2006, les transferts fédéraux reçus par le gouvernement du Québec équivalaient à 11 milliards de dollars, c'est-à-dire à 4 % du PIB. Notre projection maintient ce taux constant jusqu'en 2051.

Revenus autonomes

Nous n'avons pas cru utile ou pertinent d'établir des prévisions de recettes pour chaque impôt, taxe et tarif perçus par le gouvernement. Il ne serait pas réaliste de penser que la manière d'imposer le revenu, la consommation, les bénéfices ou toute autre matière imposable ne serait pas modifiée sur une aussi longue période. La projection des revenus autonomes doit plutôt reposer sur une hypothèse macroéconomique. Nous avons retenu la forme la plus simple de cette hypothèse, à savoir que les revenus autonomes resteront stables en pourcentage du PIB sur l'horizon étudié, sans égard aux modes de taxation (peut-être changeants) que choisira le gouvernement à l'intérieur de ce cadre global d'imposition. Cela signifie que le fardeau fiscal provincial global de 2005-2006 restera inchangé jusqu'en 2051.

Nous admettons une exception à cette règle de stabilité fiscale relativement au PIB. N'y sont pas soumises, dans nos projections, les dispositions fiscales applicables aux régimes enregistrés d'épargne-retraite (REER) et aux régimes de pension agréés (RPA), qui permettent aux contribuables de reporter l'imposition des montants épargnés jusqu'au moment de leur retrait. Deux éléments sont concernés par dans ces dispositions : 1) les déductions fiscales qui sont offertes au moment des cotisations et 2) les impôts qui sont prélevés lorsque les montants investis sont retirés. Nous accordons un traitement séparé à la fiscalité de ces régimes de retraite.

Régimes de retraite

La question des régimes de retraite est fréquemment soulevée dans les discussions portant sur le vieillissement démographique. On entend souvent dire, en effet, que le solde net des dispositions fiscales applicables aux REER et aux RPA, qui est présentement négatif parce que les impôts économisés sur les cotisations excèdent les impôts versés sur les retraits, sera beaucoup moins négatif ou se transformera en solde positif dans quelques années lorsque les retraités domineront la scène démographique. Certains vont jusqu'à affirmer que l'évolution de ce solde, que nous appellerons *l'imposition nette des régimes de retraite*, améliorera le solde budgétaire global du gouvernement au point de compenser pleinement pour la détérioration de sa situation financière engendrée par le vieillissement.

C'est pour élucider cette question que nous lui accordons un traitement séparé. Pour estimer l'évolution de l'imposition nette des régimes de retraite, nous commençons par calculer, à partir des statistiques fiscales pour l'année 2003, la proportion des cotisations totales aux REER et aux RPA, de même que la proportion des retraits totaux de ces régimes, qui sont attribuables à chaque groupe d'âge de la population[38]. Nous supposons que les cotisations et les retraits effectués aux REER et aux RPA en 2003 sont représentatifs de leur interaction à long terme avec la démographie.

Nous majorons ces données par groupe d'âge de 2003 d'un taux uniforme qui permet de rendre la somme des cotisations et la somme des retraits égales, respectivement, aux cotisations totales et aux retraits totaux de l'année 2005. À partir de cette année de base, nous faisons évoluer les cotisations et les retraits par groupe d'âge sur l'horizon de 46 ans en suivant la projection de la population de l'ISQ et en appliquant de manière uniforme à chaque groupe d'âge le facteur d'augmentation annuel prévu pour la productivité qu'on majore ensuite du facteur d'inflation constant de 2 %. En calculant la somme annuelle des cotisations et des retraits de tous les groupes d'âge, on obtient alors une projection pour les cotisations annuelles totales aux régimes de

---

38. Québec, ministère des Finances, *Statistiques fiscales des particuliers, année d'imposition 2003,* Québec, 2005, p. 55-90.

retraite et une autre pour les retraits annuels totaux de ces régimes.

Nous tirons enfin des statistiques fiscales le taux d'imposition moyen[39] applicable aux cotisations et aux retraits. Il en résulte une estimation de l'imposition nette des régimes de retraite pour chaque année de la projection. Le **graphique 9** trace l'évolution prévue de ces variables. On observe qu'en 2005 l'imposition nette est bien négative : les revenus fiscaux dont s'est privé le gouvernement en raison des cotisations aux régimes de retraite – en d'autres mots, sa dépense fiscale – excèdent de 406 millions de dollars les revenus fiscaux qu'il a tirés de l'imposition des retraits de ces régimes. En 2051, au contraire, on voit que l'imposition nette prévue est positive et atteint 6,9 milliards de dollars. Il ne reste alors qu'à ajouter cette projection de l'imposition nette des régimes de retraite à la projection des autres recettes fiscales pour obtenir la projection des recettes fiscales totales sur la période 2006-2051.

---

39. *Ibid.*

Graphique 9 :   **Dépense fiscale et revenus fiscaux dus aux REER et aux RPA, 2005-2051** (en milliards de dollars)

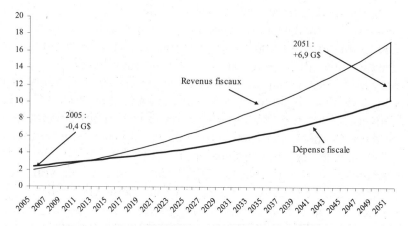

Note : Ne sont considérées ici que les entrées et les sorties de fonds à l'intérieur des REER et des RPA. Les rendements générés à l'intérieur de ces régimes ne sont pas pris en compte.

Cet ensemble d'hypothèses sur les éléments qui affecteront les variables économiques, les dépenses budgétaires et les recettes budgétaires vont maintenant nous permettre d'évaluer les perspectives des finances publiques québécoises jusqu'en 2051.

Chapitre 5

Les résultats économiques et financiers de notre scénario de référence

Ce chapitre présente notre projection de la croissance économique et des finances publiques du Québec jusqu'en 2051. Il comprend deux sections. La première rapporte les résultats du scénario de référence que nous venons de construire pour la croissance future du PIB réel et l'évolution du nombre de travailleurs. Afin d'aiguiser l'intuition, nous comparons ces résultats à ceux d'un scénario stationnaire qui suppose que le taux de croissance de la productivité et les taux d'emploi par groupe d'âge resteraient, jusqu'en 2051, inchangés et égaux à leurs niveaux observés dans le passé récent. La seconde section présente les résultats du scénario de référence pour les recettes et les dépenses budgétaires du gouvernement jusqu'en 2051.

5.1 L'évolution future du PIB réel et du nombre de travailleurs

La présente section montre l'évolution future du PIB réel et du marché du travail sous deux scénarios. Le premier garde constants le taux de croissance de la productivité et les taux d'emploi par groupe d'âge jusqu'en 2051. Ce scénario mérite l'appellation de <u>scénario stationnaire</u>. Le second applique à ces mêmes variables les hypothèses du <u>scénario de référence</u> que nous venons de développer et où la productivité connaît une certaine accélération et les taux d'emploi des divers groupes d'âge augmentent pendant la période de simulation.

Les hypothèses du scénario stationnaire sont les suivantes :

1) de 2006 à 2051, le taux de croissance annuel de la productivité demeure inchangé à 1,0 %, soit la moyenne des cinq années de 2000 à 2005 ;

2) de 2006 à 2051, les taux d'emploi de tous les groupes d'âge demeurent eux aussi inchangés et conservent leurs niveaux de 2005; ces taux d'emploi sont de 69,5 % pour les 15 à 64 ans, de 12,1 % pour les 65 à 69 ans et de 2,4 % pour les 70 ans et plus.

Les hypothèses du scénario de référence sont les suivantes :

1) le taux de croissance de la productivité augmente progressivement de 1,0 % en 2005 à 1,5 % en 2031, puis demeure constant à ce niveau jusqu'en 2051;

2) le taux d'emploi de la population de 15 à 64 ans passe de 69,5 % en 2005 à 74 % en 2031, puis demeure constant à ce niveau jusqu'en 2051[40];

3) le taux d'emploi de la population de 65 à 69 ans passe de 12,1 % en 2005 à 18,5 % en 2031, puis demeure constant à ce niveau jusqu'en 2051[41];

---

40. 74 % est le taux le plus élevé atteint en Ontario et aux États-Unis au cours des vingt dernières années.

41. 18,5 % est le taux le plus élevé atteint en Ontario au cours des vingt dernières années.

4) le taux d'emploi de la population des 70 ans et plus passe
de 2,4 % en 2005 à 4,3 % en 2031, puis demeure constant
à ce niveau jusqu'en 2051[42].

Le **graphique 10** montre les résultats pour le taux de croissance
du PIB réel (c'est-à-dire le PIB purgé de l'inflation) sous les
deux scénarios. Par construction même, le PIB réel croît plus
rapidement dans le scénario de référence que dans le scénario
stationnaire. Toutefois, malgré l'accélération de la productivité et
la hausse des taux d'emploi qu'il incorpore, le scénario de
référence ne peut empêcher les changements démographiques de
ralentir considérablement la croissance du PIB réel. Cette
dernière passerait de 1,7 % par année pendant la période 2006 à
2010 à 1,1 % entre 2041 et 2050.

Le **graphique 11**, quant à lui, suit l'évolution du nombre de
travailleurs à travers les décennies sous les deux scénarios. Étant
donné les différences dans les hypothèses faites sur les taux
d'emploi, le scénario stationnaire se caractérise par une plus
forte diminution du nombre de travailleurs (<u>moins</u> 450 000) que
le scénario de référence (<u>moins</u> 219 000) entre la période 2006-
2010 et la décennie 2041-2050. La hausse des taux d'emploi qui
est inhérente au scénario de référence ne peut néanmoins
empêcher les changements démographiques de réduire le nombre
de travailleurs.

---

42. 4,3 % est le taux atteint en Ontario en 2005.

Graphique 10 :   **Taux de croissance annuel moyen du PIB réel, scénario stationnaire et scénario de référence, 2005 à 2051** (en pourcentage)

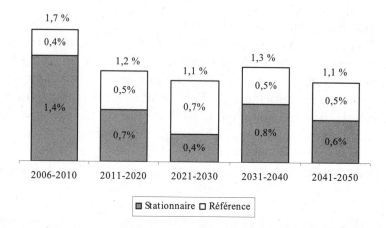

Graphique 11 :   **Nombre moyen de travailleurs, scénario stationnaire et scénario de référence, 2005 à 2051** (en milliers)

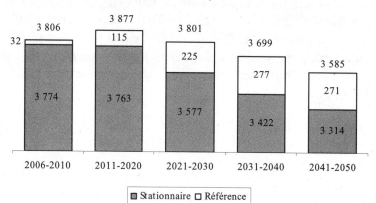

5.2   Projection du budget du Québec selon le scénario de référence

Nous décrivons maintenant la projection des finances publiques du Québec qui découle des hypothèses économiques et financières du scénario de référence que nous venons de construire. Le **tableau 7** présente cette projection du budget du Québec pour six années de la période de simulation envisagée : 2005, 2011, 2021, 2031, 2041 et 2051.

Les recettes budgétaires selon le scénario de référence

La croissance des recettes budgétaires est fidèle à l'hypothèse sous-jacente qui les fait croître au même rythme que le PIB, c'est-à-dire de 3,3 % par année en moyenne de 2005 à 2051. Ce n'est pas assez rapide pour suivre l'évolution des dépenses. Le traitement séparé des régimes de retraite faisant l'objet de reports d'impôt, les REER et les RPA, reproduit le résultat rapporté précédemment : les entrées de fonds nettes découlant de l'accélération des retraits et du ralentissement des cotisations ne dépassent pas 6,9 milliards de dollars, ou 3 % des revenus autonomes du gouvernement, en 2051. Elles sont beaucoup trop modestes pour constituer une solution à l'impasse budgétaire annuelle récurrente.

Tableau 7 : Projection du budget du Québec, scénario de référence, 2005-2051 (millions de dollars)

	2005	2011	2021	2031	2041	2051	Croissance annuelle moyenne (%)
Recettes							
Revenus autonomes hors régimes de retraite	48 554	60 661	83 245	113 322	156 532	212 224	3,3
Impôts des régimes de retraite	-406	-76	1 103	2 606	4 446	6 882	–
Transferts fédéraux	11 027	13 777	18 906	25 736	35 550	48 198	3,3
Total des recettes	**59 175**	**74 361**	**103 254**	**141 664**	**196 527**	**267 304**	**3,3**
Dépenses							
Santé	20 812	28 481	47 800	79 724	124 910	181 463	4,8
Éducation	11 463	12 922	15 947	20 468	25 725	32 481	2,3
Services de garde	1 493	1 712	2 067	2 309	2 691	3 239	1,7
Service de la dette	7 524	8 627	11 206	14 713	19 536	26 133	2,7
Autres dépenses	17 883	22 343	30 661	41 739	57 654	78 166	3,3
Total des dépenses	**59 175**	**74 085**	**107 681**	**158 953**	**230 516**	**321 482**	**3,7**
Solde budgétaire	**0**	**276**	**-4 427**	**-17 289**	**-33 989**	**-54 178**	
Produit intérieur brut	273 588	341 806	469 062	638 535	882 013	1 195 821	3,3
Ratio solde/PIB (%)	0,0	0,1	-0,9	-2,7	-3,9	-4,5	

Note 1 : Les données utilisées pour l'exercice financier 2005 et pour nos projections ne se limitent pas aux dépenses et aux revenus budgétaires du gouvernement du Québec. Nous avons utilisé le périmètre comptable du gouvernement qui comprend a) en vertu de la méthode de consolidation intégrale, non seulement les ministères mais également les organismes consolidés et les fonds spéciaux ; et b) en vertu de la méthode modifiée de comptabilisation à la valeur de consolidation, le résultat net des entreprises du gouvernement. Indiquons à titre d'exemple qu'Investissement Québec est un organisme consolidé alors qu'Hydro-Québec est une entreprise du gouvernement.

Note 2 : Le poste « impôts nets des régimes de retraite » est le solde des impôts perçus sur les retraits des REER et des RPA moins les impôts reportés sur les cotisations à ces régimes.

Note 3 : Le service de la dette rapporté ici est le service de la dette *primaire*. Il est égal aux charges d'intérêts sur la dette contractée pour acquérir des éléments d'actif (immobilisations, placements dans les sociétés d'État, etc.) seulement. Cela exclut les intérêts à verser sur la dette qui s'accumulerait en raison des déficits chroniques prévus à partir de 2013 si le scénario de référence se matérialisait.

Note 4 : Conformément à la définition du service de la dette *primaire* indiquée à la note 3, le solde budgétaire rapporté ici est le solde budgétaire *primaire*. Il omet d'inclure les intérêts à verser sur la dette qui s'accumulerait en raison des déficits chroniques prévus à partir de 2013 si le scénario de référence se matérialisait.

Les dépenses budgétaires selon le scénario de référence

Le **tableau 8** confirme l'importance grandissante des dépenses de santé dans l'ensemble des dépenses. Par leur importance et leur croissance annuelle plus rapide que la moyenne, ce sont les dépenses de santé qui ont le plus de répercussions sur l'évolution du total des dépenses. De 2005 à 2051, les coûts de santé passent de 21 milliards de dollars à 181 milliards de dollars. Égale à 35 % du total des dépenses en 2005, la part de la santé grimpe à 50 % en 2031, puis à 56 % en 2051. La part de l'éducation, deuxième poste en importance, est en baisse en raison de la chute du poids démographique des enfants et des jeunes adultes. Elle passe de 19 % du total des dépenses en 2005 à 13 % en 2031, puis à 10 % en 2051.

La santé et l'éducation continuent toutefois d'être les deux principaux postes de dépenses du gouvernement pendant toute la période. De 55 % du total des dépenses en 2005, le poids des dépenses de ces deux secteurs augmente à 63 % en 2031, puis à 67 % en 2051. À cette dernière date, les dépenses de santé et d'éducation ensemble (214 milliards de dollars) épuisent la quasi-totalité des revenus autonomes du gouvernement (219 milliards de dollars). En contrepartie, la part des « autres dépenses » est en baisse, passant de 30 % en 2005 à 26 % en 2031, puis à 24 % en 2051.

Tableau 8 : **Projection de la part des divers postes de dépenses dans le total des dépenses budgétaires du Québec, 2005-2051** (en pourcentage)

	2005	2011	2021	2031	2041	2051
Santé	35	38	44	50	54	56
Éducation	19	17	15	13	11	10
Services de garde	3	2	2	1	1	1
Service de la dette	13	12	10	9	8	8
Autres dépenses	30	30	28	26	25	24

Le poids budgétaire du service de la dette diminue lui aussi avec le temps. Il est de 13 % du total des dépenses budgétaires en 2005, de 9 % en 2031 et de 8 % en 2051. Comme l'explique la note 3 du **tableau 7**, le service de la dette dont il s'agit ici est le service de la dette *primaire*. Il ne comprend que les charges d'intérêts sur la dette contractée pour acquérir des éléments d'actif (immobilisations, placements dans les sociétés d'État, etc.). Il n'inclut pas les intérêts à verser sur la dette qui s'accumulerait en raison des déficits chroniques prévus à partir de 2013 si le scénario de référence se matérialisait.

De façon concomitante, la dette *primaire* ainsi accumulée pour acquérir des éléments d'actif baisse elle-même en pourcentage du PIB. Partie de 43 % en 2005, elle glisse à 40 % en 2011, à 38 % en 2021, et ultimement à 35 % en 2051[43]. Il faut noter que le concept de dette primaire contractée pour acquérir des éléments d'actif utilisé ici coïncide avec la définition de la « dette totale du gouvernement » au sens des comptes publics, laquelle peut augmenter chaque année en vertu des règles comptables du gouvernement. C'est elle que la Loi sur la réduction de la dette et instituant le Fonds des générations votée en 2006 ordonne de porter à 38 % du PIB en 2013, à 32 % en 2020 et à 25 % en 2025[44]. La projection que nous venons d'en faire sur la base de notre scénario de référence permet de constater que d'importantes sommes dans le Fonds des générations devront être injectées pour que les cibles d'endettement fixées pour 2013, 2020 et 2025 soient atteintes.

---

43. À très long terme, si le PIB continuait de croître au taux annuel moyen de 3,1 % comme entre 2041 et 2051, le poids de cette dette primaire finirait par atteindre un plancher de 32 % du PIB.

44. Québec, Assemblée nationale, Projet de loi n° 1 (2006, chapitre 24), Loi sur la réduction de la dette et instituant le Fonds des générations, adopté le 15 juin 2006, sanctionné le 15 juin 2006, Éditeur officiel du Québec, 2006.

Le solde budgétaire primaire selon le scénario de référence[45]

Au **tableau 7**, le solde budgétaire découlant de notre scénario de référence montre des déficits récurrents et de plus · en plus importants avec le temps. Au départ et jusqu'en 2012, un léger excédent apparaît, alors que le choc démographique n'a pas encore frappé. Mais la situation déficitaire se développe ensuite rapidement à partir de 2013. En 2031, le déficit atteint 17 milliards de dollars, soit 2,7 % du PIB. En 2051, il a grimpé à 54 milliards de dollars, soit 4,5 % du PIB[46].

Il faut interpréter ces chiffres en gardant bien à l'esprit la définition du solde budgétaire dont il est ici question. Tel qu'indiqué à la note 4 du **tableau 7**, il s'agit du solde budgétaire *primaire*. C'est celui qui est obtenu <u>avant</u> la prise en compte des intérêts à verser sur la dette qui s'accumulerait en raison des déficits chroniques prévus à partir de 2013 si le scénario de référence se matérialisait. En l'occurrence, il faudrait ajouter ces charges d'intérêts supplémentaires au service de la dette *primaire* pour arriver au service de la dette *totale*, et les soustraire du solde budgétaire *primaire* pour arriver au solde budgétaire *total* du gouvernement. Comme nous allons voir, cette addition au service de la dette et au déficit budgétaire (toujours dans l'hypothèse où le scénario de référence se concrétise) serait énorme et conduirait à une explosion d'endettement insoutenable.

---

45. Rappelons que nos résultats sont obtenus avec le scénario de population de référence de l'ISQ. En utilisant le scénario E de l'ISQ appelé « fort », qui utilise des hypothèses plus fortes, notamment un indice de fécondité de 1,65 et un solde migratoire atteignant 35 000, le problème est dégonflé d'environ 10 % (le déficit primaire de 2051 passe de 54 G\$ à 49 G\$).

46. Les déficits présentés ici ne tiennent pas compte d'un possible manque à gagner du Régime de rentes du Québec. Comme il est écrit au chapitre 2 de la présente étude, les taux de cotisations actuels (employeur et employé) ne permettront pas d'assurer un financement stable du régime à long terme.

Comparaison avec le solde budgétaire du scénario stationnaire

Bien que les déficits budgétaires primaires projetés ci-dessus finissent par atteindre des montants considérables en niveau absolu comme en pourcentage du PIB, <u>ils résultent d'un scénario de référence qui, par construction, a voulu éviter d'en exagérer l'importance</u>. Ce scénario suppose en effet que la productivité québécoise va s'accélérer, que le nombre moyen d'heures travaillées par personne employée va cesser de diminuer, que les taux d'activité vont augmenter dans tous les groupes d'âge (y compris parmi les 55 ans et plus) et que le taux de chômage va baisser. De plus, les hypothèses retenues du côté des finances publiques font augmenter les dépenses de santé moins vite que le prévoit le ministère des Finances du Québec[47] et permettent à l'imposition nette des régimes de retraite d'améliorer le solde budgétaire gouvernemental.

Le **tableau 9** démontre que la situation budgétaire projetée du gouvernement se détériore gravement si l'on retient le scénario stationnaire, moins optimiste, qui a été développé précédemment. Ce scénario stationnaire suppose que la productivité ne s'accélérerait pas et que les taux d'emploi n'augmenteraient pas. Il est fort plausible que, dans un tel cas, l'économie canadienne souffrirait de la même stationnarité que l'économie québécoise, puisque les deux économies se suivent d'assez près en ces matières. Un corollaire serait que les transferts fédéraux, tout comme les revenus autonomes du gouvernement du Québec s'ajusteraient en proportion.

---

47. Nous estimons leur croissance annuelle moyenne à 4,8 %, tandis que le ministère prévoit qu'elle sera de 5,5 % de 2011 à 2050. Voir Mario Albert, « L'avenir des finances publiques du Québec face aux changements démographiques. Éléments factuels sur la démographie », dans *Agir maintenant pour le Québec de demain,* publié sous la direction de Luc Godbout, Presses de l'Université Laval, Québec, 2006, p. 105.

Sous ces hypothèses, le déficit primaire du Québec ne serait alors plus de 54 milliards de dollars, mais bien de 92 milliards de dollars. Comme le PIB augmente moins vite dans ce scénario stationnaire, ce déficit de 92 milliards de dollars équivaut non plus à 4,5 % du PIB, mais à plus du double, soit à 9,7 % du PIB. Bref, la situation budgétaire, qui serait déjà sérieuse sous le scénario de référence, serait deux fois pire sous le scénario stationnaire.

Tableau 9 : **Projection du solde budgétaire primaire du gouvernement du Québec en niveau absolu (millions de dollars) et en pourcentage du PIB, scénario stationnaire et scénario de référence, 2005-2051**

	2005	2011	2021	2031	2041	2051
Stationnaire						
Solde budgétaire	-	(783)	(9 321)	(30 144)	(56 963)	(92 201)
PIB	273 588	334 764	436 394	552 897	727 641	938 493
Ratio solde/PIB (%)	0,0	-0,2	-2,1	-5,4	-7,7	-9,7
Référence						
Solde budgétaire	-	276	(4 427)	(17 289)	(33 989)	(54 178)
PIB	273 588	341 806	469 062	638 535	882 013	1 195 821
Ratio solde/PIB (%)	0,0	0,1	-0,9	-2,7	-3,9	-4,5

Une fois connus les effets du choc démographique selon notre scénario de référence, la troisième partie de la présente étude discute des réactions possibles qui permettraient d'assurer une meilleure équité entre les générations.

Chapitre 6

L'analyse de sensibilité de notre scénario de référence

Ce chapitre sert uniquement à mesurer la sensibilité des résultats obtenus à l'aide du scénario de référence. Sa lecture n'est donc pas essentielle à la compréhension de la troisième partie qui aborde les pistes de solutions pour contrer les effets du choc démographique.

L'analyse de sensibilité mesure donc l'influence de diverses modifications des hypothèses économiques et financières sur des variables clés comme le solde budgétaire et la dette totale[48].

Les modifications d'hypothèses envisagées concernent le taux de croissance annuel de la productivité, le taux d'emploi, le taux de croissance des dépenses de santé (hors inflation et hors vieillissement), la croissance des « autres dépenses », la croissance de la dette primaire et le taux d'intérêt moyen sur la dette.

---

48. Nous appelons dette *totale* la somme de la dette *primaire,* qui est contractée pour acquérir des éléments d'actif et qui croît annuellement d'un montant égal à 1,0 % du PIB, des déficits budgétaires engendrés par le choc démographique et des intérêts à payer sur ces déficits.

6.1 Variations de l'hypothèse sur la productivité

Dans le scénario de référence, le taux de croissance annuel de la productivité a été établi comme suit : progression de 1,0 % en 2005 à 1,5 % en 2031, puis stabilité à 1,5 % jusqu'en 2051. Pour mesurer la sensibilité des résultats à cette hypothèse, nous faisons varier ces taux de croissance de la productivité à la hausse et à la baisse de 0,25 point de pourcentage.

Le **tableau 10** montre l'effet sur le solde budgétaire et sur la dette totale de la variation du taux de croissance de la productivité. On constate ici la grande importance de l'hypothèse sur la productivité. Un taux de croissance de la productivité de 0,25 point de pourcentage de plus que celui du scénario de référence rend le solde budgétaire positif jusqu'en 2017. En outre, la variation du solde budgétaire est de ±34 % en 2031 et de ±36 % en 2051 selon le sens de la variation.

En répercutant les déficits budgétaires futurs sur la dette, le **tableau 10** montre que l'effet du taux de croissance de la productivité sur la dette totale n'est pas non plus négligeable. Les variations de la dette totale sont de ±24 % en 2031 et de ±33 % en 2051.

Tableau 10 :   Effet de variations du taux de croissance de la productivité sur le solde budgétaire et sur la dette totale (en millions de dollars)

	Solde budgétaire			
	Solde budgétaire du scénario de référence	Effet si productivité -0,25	Effet si productivité +0,25	Variation moyenne en %
2005	0	0	0	0
2011	276	-482	1 043	±277
2021	-4 427	-7 117	-1 634	±62
2031	-17 289	-23 079	-11 126	±34
2041	-33 989	-44 795	-22 192	±33
2051	-54 178	-72 470	-33 699	±36
	Dette totale			
	Dette finale du scénario de référence	Effet si productivité -0,25	Effet si productivité +0,25	Variation moyenne en %
2005	118 159	118 159	118 159	0
2011	134 763	137 112	132 395	±2
2021	196 038	220 516	174 989	±12
2031	404 630	502 883	310 583	±24
2041	966 719	1 253 804	679 081	±30
2051	2 213 246	2 931 357	1 474 262	±33

6.2 Variations de l'hypothèse sur le marché du travail

L'hypothèse principale touchant le marché du travail concerne le taux d'emploi. Dans le scénario de référence, il augmente de façon constante entre 2005 et 2031 pour tous les groupes d'âge, puis il est maintenu au même taux pour le reste de la période. Pour mesurer la sensibilité des résultats à cette hypothèse, nous

faisons varier à la hausse et à la baisse de 1 point de pourcentage
le taux d'emploi des 15 à 64 ans atteint en 2031 (74 %).

Le **tableau 11** montre les répercussions sur le solde budgétaire et
sur la dette totale de la variation du taux d'emploi des 15 à 64
ans. L'effet d'une hausse ou d'une baisse de 1 point de
pourcentage du taux d'emploi des 15 à 64 ans fait varier le solde
budgétaire de ±7 % en 2031 et de ±4 % en 2051. L'effet sur la
dette totale atteint ±6 % en fin de période.

Tableau 11 : **Effet de variations du taux d'emploi sur le
solde budgétaire et la dette totale** (en millions
de dollars)

Solde budgétaire			
	Solde budgétaire du scénario de référence	Effet si taux d'emploi 15-64 ans -1 pt %	Effet si taux d'emploi 15-64 ans +1 pt %	Variation moyenne en %
2005	0	0	0	0
2011	276	111	441	±60
2021	-4 427	-4 997	-3 857	±13
2031	-17 289	-18 486	-16 092	±7
2041	-33 989	-35 605	-32 373	±5
2051	-54 178	-56 318	-52 038	±4

Dette totale			
	Dette finale du scénario de référence	Effet si taux d'emploi 15-64 ans -1 pt %	Effet si taux d'emploi 15-64 ans +1 pt %	Variation moyenne en %
2005	118 159	118 159	118 159	0
2011	134 763	135 275	134 251	±0,4
2021	196 038	201 092	191 157	±3
2031	404 630	425 049	384 529	±5
2041	966 719	1 022 755	911 269	±6
2051	2 213 246	2 341 623	2 085 949	±6

6.3 Variations de l'hypothèse sur les dépenses de santé

Dans le scénario de référence, le taux de croissance des dépenses de santé par habitant (hors inflation et hors vieillissement démographique) est fixé à 1,50 % pour toute la période. Pour mesurer la sensibilité, nous faisons varier ce taux à la hausse et à la baisse de 0,25 point de pourcentage.

Le **tableau 12** montre les répercussions sur le solde budgétaire et sur la dette totale de ces variations du taux de croissance des dépenses de santé. L'effet sur le solde budgétaire est relativement important. Ce dernier varie de ±30 % en 2031 et de ±38 % en 2051. L'effet sur la dette totale est de ±28 % en 2051.

Tableau 12 :   Effet de variations du taux de croissance des dépenses de santé sur le solde budgétaire et la dette totale (en millions de dollars)

	Solde budgétaire			
	Solde budgétaire du scénario de référence	Effet si taux de croissance des coûts de la santé -0,25 pt %	Effet si taux de croissance des coûts de la santé +0,25 pt %	Variation moyenne en %
2005	0	0	0	0
2011	276	694	-148	±153
2021	-4 427	-2 578	-6 346	±43
2031	-17 289	-12 338	-22 555	±30
2041	-33 989	-23 378	-45 556	±33
2051	-54 178	-34 717	-75 919	±38
	Dette totale			
	Dette finale du scénario de référence	Effet si taux de croissance des coûts de la santé -0,25 pt %	Effet si taux de croissance des coûts de la santé +0,25 pt %	Variation moyenne en %
2005	118 159	118 159	118 159	0
2011	134 763	133 414	136 124	±1
2021	196 038	181 731	212 083	±7
2031	404 630	335 318	479 402	±17
2041	966 719	738 248	1 213 144	±24
2051	2 213 246	1 595 332	2 884 905	±28

6.4 Variation de l'hypothèse sur les « autres dépenses »

Dans le scénario de référence, les « autres dépenses » demeurent constantes en pourcentage du PIB. Pour mesurer la sensibilité des résultats à cette hypothèse, nous examinons la situation où les « autres dépenses » ne sont qu'indexées au coût de la vie

(2 % par année), ce qui ralentit leur croissance par rapport au scénario de référence.

Le **tableau 13** montre les répercussions sur le solde budgétaire et sur la dette totale de ce changement d'hypothèse. L'effet est très important sur le solde budgétaire. La situation déficitaire du budget commence en 2022 plutôt qu'en 2013, comme dans le scénario de référence. Ensuite, pour le reste de la période, les déficits budgétaires sont inférieurs en moyenne de 57 %. Ce résultat n'a rien pour surprendre, cependant, puisque la nouvelle hypothèse rend les « autres dépenses » inférieures de 40 % au scénario de référence en 2051. Bien évidemment, ces déficits budgétaires moins grands font en sorte que la dette totale croît moins rapidement. Elle est inférieure de 38 % en 2031 et de 54 % en 2051.

Tableau 13 : Effet d'une variation du taux de croissance des « autres dépenses » sur le solde budgétaire et sur la dette totale (en millions de dollars)

	Solde budgétaire		
	Solde budgétaire du scénario de référence	Effet si aucune croissance sauf inflation	Variation en %
2005	0	0	0
2011	276	1 946	605
2021	-4 427	230	-105
2031	-17 289	-7 615	-56
2041	-33 989	-14 989	-56
2051	-54 178	-22 043	-59

	Dette totale		
	Dette finale du scénario de référence	Effet si aucune croissance sauf inflation	Variation en %
2005	118 159	118 159	0
2011	134 763	128 957	-4
2021	196 038	156 014	-20
2031	404 630	251 117	-38
2041	966 719	497 834	-48
2051	2 213 246	1 013 269	-54

6.5 Variations des hypothèses sur la dette

a)   Hypothèse sur le taux de croissance de la dette

Dans le scénario de référence, la dette primaire contractée pour acquérir des éléments d'actif croît d'un montant annuel équivalant à 1,0 % du PIB. Pour mesurer la sensibilité des résultats à cette hypothèse, nous faisons varier ce taux à la hausse et à la baisse de 0,2 point de pourcentage.

Le **tableau 14** montre les répercussions sur le solde budgétaire et sur la dette totale de la variation du taux de croissance de la dette primaire à l'équilibre budgétaire. Les variations du solde budgétaire vont de ±17 % en 2021 à ±7 % en 2051. L'effet sur la dette totale est non négligeable, avec ±11 % en fin de période.

Tableau 14 : **Effet des variations du taux de croissance de la dette primaire sur le solde budgétaire et sur la dette totale** (en millions de dollars)

Solde budgétaire			
	Solde budgétaire du scénario de référence	Effet si taux de croissance de la dette en % du PIB -0,2 pt %	Effet si taux de croissance de la dette en % du PIB +0,2 pt %	Variation moyenne en %
2005	0	0	0	0
2011	276	513	39	±86
2021	-4 427	-3 675	-5 179	±17
2031	-17 289	-15 835	-18 743	±8
2041	-33 989	-31 570	-36 407	±7
2051	-54 178	-50 440	-57 916	±7

Dette totale			
	Dette finale du scénario de référence	Effet si taux de croissance de la dette en % du PIB -0,2 pt %	Effet si taux de croissance de la dette en % du PIB +0,2 pt %	Variation moyenne en %
2005	118 159	118 159	118 159	0
2011	134 763	130 205	139 321	±3
2021	196 038	177 046	215 393	±10
2031	404 630	354 063	455 863	±13
2041	966 719	852 162	1 082 504	±12
2051	2 213 246	1 972 903	2 455 852	±11

b)   **Hypothèse sur le taux d'intérêt**

Dans le scénario de référence, le taux d'intérêt utilisé pour calculer le service de la dette est de 6,3 %. Pour mesurer la sensibilité des résultats à cette hypothèse, nous faisons varier ce taux à la hausse et à la baisse de 0,5 point de pourcentage.

Le **tableau 15** montre les répercussions sur le solde budgétaire et sur la dette totale de ces variations du taux d'intérêt. Les variations du solde budgétaire sont de ±20 % en 2021 et de ±4 % en 2051. Le changement d'hypothèse sur le taux d'intérêt fait varier la dette totale de ±10 % en 2031 et de ±9 % en 2051.

Tableau 15 : Effet de variations du taux d'intérêt sur le solde budgétaire et sur la dette totale (en millions de dollars)

	Solde budgétaire			
	Solde budgétaire du scénario de référence	Effet si taux d'intérêt -0,5 pt %	Effet si taux d'intérêt +0,5 pt %	Variation moyenne en %
2005	0	0	0	0
2011	276	961	-409	±248
2021	-4 427	-3 538	-5 316	±20
2031	-17 289	-16 122	-18 457	±7
2041	-33 989	-32 438	-35 539	±5
2051	-54 178	-52 104	-56 252	±4

	Dette totale			
	Dette finale du scénario de référence	Effet si taux d'intérêt -0,5 pt %	Effet si taux d'intérêt +0,5 pt %	Variation moyenne en %
2005	118 159	118 159	118 159	0
2011	134 763	130 900	138 906	±3
2021	196 038	182 369	213 303	±8
2031	404 630	365 796	450 088	±10
2041	966 719	877 152	1 068 489	±10
2051	2 213 246	2 024 200	2 424 772	±9

L'analyse de sensibilité a montré toute l'importance liée à la sélection des hypothèses retenues pour construire le scénario de référence. Nous constatons qu'une hypothèse plus faible ou plus forte peut modifier considérablement le résultat observé au terme de la période analysée. Nous considérons que les choix que nous avons effectués ne sont ni alarmistes ni trop optimistes. Nous dirions qu'ils sont « raisonnables ».

TROISIÈME PARTIE

Un besoin d'agir

Chapitre 7

Les réactions possibles : s'endetter, réduire les services publics ou augmenter les impôts ?

À supposer que la projection de la croissance économique et des finances publiques que nous avons présentée au chapitre 5 soit plausible, comment le gouvernement du Québec peut-il réagir ? Deux approches globales sont possibles : absorber le choc financier ou changer le scénario de base. Ces deux approches ne sont évidemment pas mutuellement exclusives, mais complémentaires. On peut – on doit –, d'une part, diminuer la facture du vieillissement en changeant le scénario de base et, d'autre part, absorber ce qu'il restera alors du choc financier en minimisant les dommages économiques et financiers. Par souci de clarté, nous allons cependant examiner ces deux approches séparément dans ce qui suit, en commençant par les diverses façons d'absorber le choc financier. Les divers moyens de diminuer la facture du vieillissement sont quant à eux présentés au chapitre suivant.

Le scénario de référence que nous avons construit engendre une suite de déficits budgétaires (primaires) croissants à partir de

2013 et jusqu'en 2051. À cette dernière date, comme nous avons vu, le déficit primaire atteint 54 milliards de dollars ou 4,5 % du PIB. Comment un gouvernement qui jugerait cette projection inévitable pourrait-il encaisser ce choc financier issu du vieillissement démographique ?

Il aurait trois options. La première consisterait à maintenir les services publics et le fardeau fiscal sur la trajectoire prévue par le scénario de référence et à emprunter tout simplement chaque année l'argent qui manquerait. On pourrait l'appeler l'option *japonaise*. Les deux autres options viseraient au contraire à annuler l'effet des déficits primaires croissants sur l'endettement à long terme. La deuxième option atteindrait cet objectif en réduisant les services publics tout en laissant le fardeau fiscal inchangé sur la trajectoire du scénario. On pourrait l'appeler l'option *américaine*. La troisième option, à l'inverse, atteindrait cet objectif en augmentant les impôts[49] tout en laissant le niveau des services publics inchangé sur la trajectoire du scénario. On pourrait l'appeler l'option *suédoise*. Naturellement, ces trois options pourraient être combinées en divers dosages : un peu plus de dette, certaines diminutions de services, des impôts un peu plus élevés. Une stratégie mixte serait parfaitement possible. Mais encore ici, par souci de clarté, nous allons examiner ces options séparément.

S'endetter : l'option japonaise

La première option laisserait le scénario de référence se réaliser tel quel, sans alourdissement du fardeau fiscal et sans réductions dans les dépenses de programmes. L'argent qui manquerait chaque année serait emprunté et irait augmenter la dette totale du gouvernement.

---

49. La notion d'impôts inclut impôts, taxes et tarifs.

Cette hypothèse ne peut être sérieusement envisagée. Elle conduirait le gouvernement du Québec tout droit à la faillite. Au départ, les déficits budgétaires encourus le forceraient évidemment à abolir sa Loi sur l'équilibre budgétaire. Pire encore, le ratio dette/PIB tendrait à s'accroître sans limite. Le processus d'accumulation de la dette serait explosif et insoutenable. Il faut observer ici que la dette *totale* que le gouvernement accumulerait n'inclurait pas seulement la dette *primaire* contractée pour acquérir des éléments d'actif et dont le poids, comme nous avons vu, diminue doucement en pourcentage du PIB. Elle comprendrait également tous les déficits primaires annuels encourus à partir de 2013, ainsi que les intérêts à verser sur cet endettement supplémentaire.

Le **graphique 12** montre la trajectoire que suivrait la dette totale du gouvernement dans ce contexte. Partie de 118,2 milliards de dollars en 2005, elle explose à 2 213 milliards de dollars en 2051. On observe en fait un quadruplement du fardeau de la dette : il passe de 43 % du PIB en 2005 à 185 % du PIB en 2051. Pendant ce temps, le service de la dette *total* passerait de 7,5 milliards de dollars en 2005 à 129,5 milliards de dollars en 2051. Il absorberait 49 % des revenus budgétaires. Le déficit budgétaire total, lui, partirait du niveau zéro en 2005 pour atteindre 158 milliards de dollars en 2051. Il équivaudrait alors à 13 % du PIB. Naturellement, toutes les conséquences de cette option de type japonais sont kafkaïennes et ne sauraient être envisagées sérieusement[50].

---

50. La situation financière véritable du gouvernement serait en fait encore pire. Il est en effet impossible d'imaginer la réalisation d'un tel scénario sans que l'explosion de la dette totale pulvérise la cote de crédit du Québec et qu'il soit obligé de payer sur cette dette un taux d'intérêt beaucoup plus élevé (voire usuraire) que le niveau fixe de 6,3 % que nous avons retenu. De plus, l'effet sur l'économie du Québec serait catastrophique et rétroagirait négativement sur les recettes fiscales.

Graphique 12 :   Évolution de la dette totale du Québec dans l'hypothèse où le scénario de référence se matérialiserait, 2005-2051 (en millions de dollars et en pourcentage du PIB)

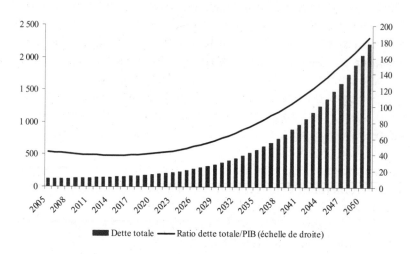

Dette totale ▬▬ Ratio dette totale/PIB (échelle de droite)

Réduire les services publics : l'option américaine

La deuxième option consisterait à réduire les services publics de façon à annuler entièrement l'effet des déficits primaires croissants sur l'endettement à long terme tout en maintenant le fardeau fiscal inchangé.

On peut envisager ici deux types de stratégies. La première est la stratégie *myope*. Chaque année, afin d'équilibrer le budget, on amputerait les dépenses budgétaires du scénario de référence d'un montant exactement égal au déficit primaire prévu pour cette année-là au **tableau 7** (par exemple, de 4 milliards de dollars en 2021, de 17 milliards de dollars en 2031, de 54 milliards de dollars en 2051). La baisse des dépenses serait calquée sur la hausse du déficit primaire <u>au jour le jour</u>.

Cette stratégie serait extrêmement douloureuse, en plus d'être foncièrement inéquitable pour les générations de demain. Il serait en pratique quasi impossible de comprimer plus que légèrement les dépenses des secteurs fondamentaux comme la santé, l'éducation et les services de garde. Ces dépenses, tout comme le service de la dette, sont à toutes fins utiles incompressibles. Cela signifie que ce sont les « autres dépenses » qui subiraient presque 100 % des compressions. En l'occurrence, les « autres dépenses » seraient inférieures à la projection du scénario de référence de 14 % en 2021, de 41 % en 2031 et de 69 % en 2051 (**graphique 13**). Ce serait non seulement un véritable carnage des services publics, mais un carnage qui s'amplifierait avec le temps et qui frapperait les nouvelles générations beaucoup plus durement que les générations présentes. Il est encore une fois très clair qu'en pratique des compressions d'une telle envergure et d'un caractère aussi inéquitable dans les services publics autres que la santé et l'éducation – l'option américaine, en d'autres mots – ne sauraient être envisagées sérieusement.

Graphique 13 :   **Stratégie *myope* : pourcentage dont il faudrait amputer les « autres dépenses » budgétaires du Québec afin d'équilibrer le budget <u>chaque année</u> tout en maintenant le fardeau fiscal inchangé, dans l'hypothèse où les dépenses de santé, d'éducation et de garde des enfants seraient incompressibles, 2005-2051**

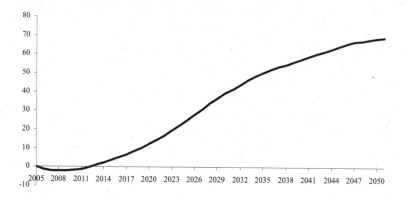

Il serait possible de rendre les compressions des « autres dépenses » équitables d'un point de vue intergénérationnel en adoptant une stratégie *clairvoyante*. Celle-ci consisterait à diminuer ces dépenses <u>d'un pourcentage constant du PIB</u> par rapport au scénario de référence chaque année de 2005 à 2051, plutôt que d'un pourcentage croissant comme ce serait le cas pour la stratégie myope ou au jour le jour. La procédure équivaudrait à <u>lisser</u> les compressions en pourcentage du PIB à travers l'ensemble de la période de simulation[51]. Le pourcentage constant qui est recherché s'obtient simplement en calculant le quotient de la somme (actualisée au taux de 6,7 %) de tous les soldes budgétaires annuels de 2007 à 2051 sur la somme

---

51. Une analyse de sensibilité de ces résultats à certaines de nos hypothèses est présentée en annexe.

(actualisée au même taux) de tous les PIB annuels de cette période. Le **tableau 16** rapporte les résultats de ce calcul.

Tableau 16 : **Stratégie *clairvoyante* : pourcentage <u>constant</u> du PIB dont il faudrait amputer les « autres dépenses » budgétaires du Québec afin d'équilibrer le budget <u>en moyenne sur la période 2007-2051</u> tout en maintenant le fardeau fiscal inchangé, dans l'hypothèse où les dépenses de santé, d'éducation et de garde des enfants seraient incompressibles**

Somme actualisée des soldes budgétaires annuels de 2007 à 2051	(109,3 G$)
Pourcentage constant du PIB dont il faudrait réduire les « autres dépenses »	(1,53 %)
Compression requise des « autres dépenses » en 2007 (en dollars)	(4,5 G$)
Compression requise des « autres dépenses » en 2007 (en pourcentage)	(23,5 %)

Le pourcentage constant dont il faudrait amputer annuellement les « autres dépenses » par rapport au scénario de référence serait de 1,53 % du PIB. En 2007, première année de la période de 44 ans considérée, la diminution atteindrait 4,5 milliards de dollars ou 23,5 % des « autres dépenses » du scénario de référence. Cette stratégie *clairvoyante* apporterait deux nouvelles : une bonne et une mauvaise. La bonne nouvelle serait que les générations futures n'auraient pas à souffrir d'une réduction pouvant atteindre 69 % en 2051, mais subiraient la même réduction de 23,5 % que les générations antérieures. La mauvaise nouvelle serait que les générations actuelles subiraient une compression de 23,5 % des services publics visés plutôt que de s'en tirer sans compressions comme dans le cas de la stratégie *myope*.

Il faudrait s'attendre à une forte résistance des générations actuelles à admettre la stratégie *clairvoyante*. Il s'agirait pour le gouvernement de diminuer les services autres que de santé, d'éducation et de garde de 23,5 % afin de mettre de côté l'argent nécessaire pour éviter des compressions budgétaires encore plus élevées (de 40 % à 69 % plutôt que de 23,5 %) pour les générations de 2025 à 2050. Il s'agirait, en quelque sorte, de constituer un Fonds des générations à même des compressions de services publics. Ce serait, sans nul doute, froidement reçu par la population actuelle du Québec.

Un enseignement important se dégage néanmoins de la comparaison entre les stratégies *myope* et *clairvoyante* : plus on tarderait à égaliser les réductions de dépenses entre les générations, plus les générations présentes pourraient en être épargnées et plus les générations futures devraient subir des diminutions importantes de services publics. En effet, si par exemple le gouvernement attendait 2016 pour égaliser les réductions de dépenses, il faudrait à ce moment retrancher l'équivalent de 35,4 % des « autres dépenses » pour alors équilibrer le budget en moyenne sur la période 2016-2051 tout en maintenant le fardeau fiscal inchangé comparativement à 23,5 % si nous agissons dès 2007 selon notre scénario.

Augmenter les impôts : l'option suédoise

La troisième option consisterait à augmenter les impôts de façon à annuler entièrement l'effet des déficits primaires croissants sur l'endettement à long terme tout en conservant le niveau des services publics sur la trajectoire du scénario de référence. Cette option mériterait l'appellation de suédoise, la Suède étant le pays le plus imposé du monde industrialisé.

Tout comme dans le cas des diminutions de services publics, on peut encore ici envisager deux types de stratégies. La première est la stratégie *myope*. Chaque année, afin d'équilibrer le budget, on hausserait les impôts et les taxes d'un montant exactement égal au déficit primaire prévu pour cette année-là au **tableau 7** (par exemple, de 4 milliards de dollars en 2021, de 17 milliards de dollars en 2031, de 54 milliards de dollars en 2051). C'est l'augmentation des impôts qui serait, cette fois-ci, calquée sur la hausse du déficit primaire au jour le jour.

Cette stratégie ressemblerait à la stratégie *myope* appliquée aux compressions des dépenses. Le **graphique 14** montre que son application signifierait une hausse de l'ensemble des impôts et des taxes, c'est-à-dire des revenus autonomes du gouvernement, de 5 % en 2021, de 15 % en 2031 et de 25 % en 2051. L'alourdissement de la fiscalité serait plutôt modeste jusqu'en 2020, mais beaucoup plus important dans les trois décennies suivantes. Il serait particulièrement inéquitable pour les générations de 2025 à 2050, parce qu'elles subiraient une augmentation de leurs impôts et de leurs taxes quatre à cinq fois plus importante que celle qu'encaisserait la génération de 2020.

Graphique 14 :   **Stratégie *myope* : pourcentage dont il faudrait augmenter les impôts et taxes du Québec afin d'équilibrer le budget <u>chaque année</u> tout en maintenant le niveau des services publics inchangé, 2005-2051**

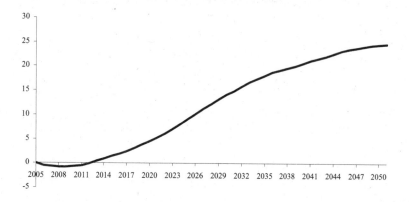

Tout comme dans le cas des compressions des « autres dépenses », il serait possible de rendre les hausses d'impôts équitables du point de vue de l'équité intergénérationnelle en adoptant une stratégie *clairvoyante*. Celle-ci consisterait à augmenter les impôts et les taxes <u>d'un pourcentage constant du PIB</u> par rapport au scénario de référence chaque année de 2007 à 2051, plutôt que d'un pourcentage croissant comme ce serait le cas pour la stratégie *myope* ou au jour le jour. La procédure équivaudrait à <u>lisser</u> les augmentations en pourcentage du PIB à travers l'ensemble de la période de simulation. Cette façon de faire pourrait se justifier en observant qu'au cours des 44 prochaines années les services publics seraient maintenus à leur niveau actuel, de sorte que les augmentations de dépenses découleraient non pas d'une bonification généralisée, mais plutôt d'une augmentation des coûts due au vieillissement de la population. La stabilisation de la charge fiscale en pourcentage du PIB à travers les décennies constituerait ainsi une sorte de péréquation intergénérationnelle.

Le pourcentage constant qui est recherché s'obtient, encore ici, en calculant le quotient de la somme (actualisée au taux de 6,7 %) de tous les soldes budgétaires annuels de 2007 à 2051 sur la somme (actualisée au même taux) de tous les PIB annuels de cette période. Le **tableau 17** rapporte les résultats de ce calcul.

Tableau 17 : **Stratégie *clairvoyante* : pourcentage constant du PIB dont il faudrait augmenter les impôts et les taxes du Québec afin d'équilibrer le budget <u>en moyenne sur la période 2007-2051</u> tout en maintenant le niveau des services publics inchangé**

Somme actualisée des soldes budgétaires annuels de 2005 à 2051	(109,3 G$)
Pourcentage constant du PIB dont il faudrait augmenter les impôts et les taxes	1,53 %
Augmentation requise des impôts et des taxes en 2007 (en dollars)	4,5 G$
Augmentation requise des impôts et des taxes en 2007 (en pourcentage)	8,7 %

Le pourcentage constant dont il faudrait alourdir la fiscalité du Québec par rapport au scénario de référence serait de 1,53 % du PIB. En 2007, première année de la période considérée, la hausse des impôts et des taxes atteindrait 4,5 milliards de dollars ou 8,7 % du total des revenus autonomes du scénario de référence inscrits au **tableau 7**. Tout comme dans le cas des compressions de dépenses, cette stratégie *clairvoyante* contiendrait une bonne et une mauvaise nouvelle. La bonne nouvelle serait que les générations futures n'auraient pas à souffrir d'une augmentation des impôts et des taxes pouvant atteindre 25 % en 2051, mais subiraient la même hausse de 8,7 % que les générations antérieures. La mauvaise nouvelle serait que les générations actuelles subiraient la même hausse de 8,7 % plutôt que de s'en tirer sans augmentation ou avec une augmentation très légère comme dans le cas de la stratégie *myope*.

L'augmentation des impôts et des taxes de 8,7 %, c'est-à-dire de 4,5 milliards de dollars sur une base récurrente, que suggère la stratégie *clairvoyante* serait de l'argent mis de côté afin d'éviter des hausses d'impôts et de taxes encore plus lourdes (de 15 % à 25 % plutôt que de 8,7 %) pour les générations de 2025 à 2050[52]. C'est là la raison fondamentale pour laquelle, pendant les deux ou trois prochaines décennies, le gouvernement devrait engranger des fonds en réalisant des excédents budgétaires et en remboursant une partie de la dette. Et c'est exactement cette idée que poursuit le Fonds des générations créé par le gouvernement du Québec en 2006.

Ce que notre projection et nos calculs révèlent à ce sujet, c'est que la création de ce Fonds est une bonne idée du point de vue de l'équité intergénérationnelle, mais aussi que les versements au Fonds annoncés pour l'instant par le gouvernement, soit environ 600 millions de dollars par année, sont loin des 4,5 milliards de dollars annuels permettant d'atteindre pleinement cet objectif[53]. Plus on tarde à égaliser les charges fiscales entre les générations, plus les générations présentes pourront être épargnées et plus les générations futures devraient subir d'importantes augmentations d'impôts. Par exemple, si le gouvernement attendait 2016 pour augmenter les impôts et les taxes de façon uniforme afin de maintenir l'équilibre budgétaire en moyenne sur la période 2016-2051, l'augmentation serait alors équivalente à 2,31 % du PIB plutôt que 1,53 % si nous agissons en 2007 selon notre scénario.

---

52. Notons qu'un fonds de cette nature implique une période d'engrangement de sommes suivie d'une période de décaissement. Un peu comme dans le cas du Régime de rentes du Québec, les paramètres fixant les cotisations ou les sommes à verser doivent être révisés périodiquement en vertu d'analyses actuarielles à la lumière des résultats réels obtenus d'une année à l'autre.

53. Québec, ministère des Finances, *Le Fonds des générations*, p. 34.

Chapitre 8

Comment diminuer la facture du vieillissement de la population ?

Les stratégies financières que nous venons de décrire au chapitre précédent sont des stratégies passives. Nous avons tenu le scénario de base (de référence) pour acquis et nous avons comparé diverses façons d'absorber le choc économique et financier découlant du vieillissement démographique. Le présent chapitre, de nature plus qualitative, est consacré à des stratégies actives. Ces stratégies visent à changer le scénario de base lui-même en examinant divers moyens qui permettraient de diminuer la facture à payer.

Les moyens que nous proposons visent à favoriser l'ajustement de l'économie et le maintien de l'équilibre des finances publiques malgré le changement démographique. Selon nous, les moyens à privilégier devraient s'articuler autour de cinq axes :

1) promouvoir la natalité et l'immigration;

2) pousser sur le développement économique en maximisant la croissance de la productivité par l'investissement dans le capital humain, le capital matériel, le capital technologique et les infrastructures;

3) s'assurer que les régimes de retraite et la fiscalité n'encouragent pas les retraites hâtives;

4) poursuivre une gestion serrée des dépenses gouvernementales en réorganisant la santé et en réduisant l'importance du service de la dette;

5) accroître les recettes gouvernementales en combattant l'évasion et les paradis fiscaux, en réglant l'épineuse question du déséquilibre fiscal et en tarifant mieux les services publics; investir dans le Fonds des générations beaucoup plus que ce qui est prévu.

Favoriser la natalité

Non seulement la population vieillit, mais le nombre de décès devrait rapidement excéder le nombre de naissances. Il est prévu que la population québécoise va commencer à décroître à partir de 2031. L'accroissement naturel de la population québécoise (naissances moins décès), selon le scénario de l'ISQ, serait négatif de 21 299 en 2031 et de 40 365 en 2051. L'augmentation récente du nombre de naissances de 73 900 en 2003 à 82 500 en 2006 est encourageante, pourvu que le redressement se maintienne. Toutefois, il faut prendre acte du fait que le nombre de femmes en âge de procréer sera en décroissance d'ici 2051, réduisant ainsi l'effet net d'une fécondité plus grande.

Promouvoir l'immigration

Le solde migratoire net du Québec (immigration moins émigration) serait, selon le scénario de l'ISQ, d'à peine 19 422 en 2031 et 20 322 en 2051.

Au fur et à mesure que l'accroissement naturel négatif de la population s'accentuera, il faudrait, pour maintenir la croissance de la population, une augmentation de plus en plus forte du solde migratoire net. L'immigration possède de nombreux avantages, dont la possibilité de combler des besoins précis pour le marché du travail. Le vieillissement de la population créera une baisse de l'emploi qui pourrait être partiellement compensée par un accroissement de l'immigration. Or, rien ne laisse prévoir pour l'instant une telle amélioration de notre solde migratoire. Il faudra d'abord mieux comprendre les causes de sa faiblesse, puis adopter les mesures permettant de redresser la situation.

Favoriser l'activité du groupe des 55 à 69 ans

Parmi les moyens de contrer la chute du taux d'emploi que va entraîner le vieillissement démographique, le maintien de la population de 55 à 69 ans au travail est l'un des plus prometteurs. Les Québécois partent à la retraite plus tôt que les autres Nord-Américains. Parmi les 55 à 69 ans, ils sont 20 % moins nombreux à travailler qu'en Ontario et 30 % moins nombreux qu'aux États-Unis. Ici encore, il faudra d'abord s'appliquer à mieux comprendre le phénomène, à passer au peigne fin les dispositions des régimes de retraite et du régime fiscal qui pourraient favoriser la retraite prématurée et à intervenir au besoin tout en respectant le libre choix des citoyens. Un premier pas en ce sens a été fait lors de la publication du fascicule intitulé *Favoriser la retraite progressive* présenté au moment du dépôt du budget québécois 2007-2008 en février 2007.

Maximiser la croissance de la productivité

Le gouvernement du Québec doit établir un plan visant à maximiser la croissance de la productivité de notre économie en stimulant l'investissement dans le capital humain, le capital matériel, le capital technologique et les infrastructures. Notre système d'éducation doit mieux assurer l'apprentissage des connaissances de base (lire, écrire et compter), combattre le décrochage avec plus d'acharnement, développer les secteurs professionnel, technique et scientifique, et relever le taux de diplomation universitaire. L'investissement des entreprises sera plus abondant s'il est plus rentable, et la rentabilité viendra avec un régime fiscal qui allégera le fardeau de l'investissement, avec une industrie de la construction qui sera diligente et prévisible, et avec un environnement encore plus propice à l'innovation et au développement technologique. Sur le plan des infrastructures, l'urgence se situe du côté du transport et des équipements urbains.

Réorganiser la santé

La santé domine déjà le budget des dépenses du Québec avec 35 % du total. Son poids relatif va croître encore dans l'avenir. Notre projection de ce pourcentage est de 50 % en 2031 et de 56 % en 2051. La qualité des soins médicaux et hospitaliers n'est pas en doute. L'accès aux soins, cependant, s'est détérioré au cours de la dernière décennie. Il y a un manque criant de ressources en même temps que des doutes sur la qualité du contrôle des coûts. Il y a certainement lieu de mettre plus de ressources privées directement au service du système public, d'explorer, à l'instar de plusieurs pays, la possibilité de développer un secteur privé de soins à la fois complémentaire et concurrentiel au secteur public – la concurrence favorisant l'excellence – et d'augmenter par la même occasion la contribution financière des plus fortunés. À long terme, le développement de la prévention doit être une priorité nationale.

Réduire l'importance du service de la dette

La question du remboursement de la dette est devenue prioritaire aux yeux des citoyens et du gouvernement depuis 18 mois. L'idée de créer un « fonds des générations » n'aurait pas reçu la même adhésion il y a 36 mois à peine. Il faut néanmoins expliquer les raisons qui militent pour un remboursement de la dette. S'il faut réduire la dette, ce n'est pas parce que la dette québécoise est tellement lourde et qu'elle n'est pas gérable, mais plutôt parce que la combinaison d'une dette plus élevée qu'ailleurs avec un vieillissement de la population plus rapide qu'ailleurs risque de faire un mauvais cocktail. L'établissement d'une cible pour le ratio dette/PIB demeurera toujours fort abstrait et ne semble guère utile. S'il faut réduire la dette, c'est pour diminuer l'importance des paiements d'intérêts dans le budget et ainsi dégager une marge de manœuvre pour absorber l'impasse budgétaire inévitable qu'entraînera le vieillissement de la population en vertu d'une croissance plus faible des revenus fiscaux et de la hausse des dépenses de santé. Face aux changements démographiques imminents, la réduction de la dette est une condition nécessaire mais non suffisante d'équité intergénérationnelle.

Négocier des transferts fédéraux adaptés

À défaut d'alourdir sa fiscalité, le gouvernement du Québec peut solliciter auprès du gouvernement fédéral une augmentation substantielle et prévisible de ses paiements de transferts fédéraux.

Au fil des années, les transferts fédéraux posaient différents problèmes comme source de revenus pour le Québec. Leur instabilité financière chronique d'une année à l'autre et le dysfonctionnement du régime de péréquation ont souvent été cités. Le budget fédéral 2007 a corrigé ces lacunes en indiquant la valeur des transferts fédéraux jusqu'en 2013-2014 en plus d'appliquer les recommandations énoncées dans le rapport du Groupe d'experts sur la péréquation.

Toutefois, il reste que les transferts fédéraux ont énormément diminué en proportion du revenu intérieur du Québec depuis vingt ans. En 2005-2006, leur poids dans le PIB du Québec équivalait à 4 % comparativement à 6,2 % en 1984-1985, ce qui représente une diminution en 2005-2006 de 5,9 milliards de dollars[54]. Le budget fédéral 2007 accroît l'importance relative des transferts fédéraux en pourcentage du PIB, mais il demeure difficile de savoir comment les transferts fédéraux vont évoluer à long terme. De plus, le mode d'allocation des transferts en espèces pour la santé et les programmes sociaux est basé sur une répartition par habitant. Or, les besoins varient grandement d'une province à une autre. Un cas particulièrement frappant est celui de la répartition *per capita* de la portion du transfert fédéral liée à l'aide sociale. Ce type de répartition a pour résultat qu'en 2004-2005 l'aide fédérale était de 2 846 $ par bénéficiaire de l'aide sociale au Québec comparativement à 9 422 $ en Alberta[55]. Il faudrait revoir les transferts fédéraux pour qu'ils s'effectuent en plus grande partie en fonction des besoins des provinces. Or, le budget fédéral 2007 est plutôt venu confirmer l'intention du gouvernement fédéral d'établir les transferts fédéraux hors péréquation uniquement sur une base par habitant.

L'amélioration des mécanismes de détermination des transferts fédéraux jumelée à une augmentation de leur stabilité et de leur prévisibilité ne peut qu'aider le Québec à réduire son impasse budgétaire d'origine démographique à venir.

---

54. Les données de base sur les transferts fédéraux sont tirées du document du ministère des Finances du Québec, *Budget 2006-2007*, section 3, p. 30.

55. Québec, ministère des Finances, *Notes pour une allocution de M. Michel Audet. Présentation au sous-comité sur le déséquilibre fiscal de la Chambre des communes*, Québec, avril 2005, p. 11.

Combattre l'évasion et les paradis fiscaux

Une société qui fait appel au financement de l'ensemble de ses contribuables doit en contrepartie lutter efficacement contre la fraude fiscale. Face aux malversations, une seule stratégie s'impose : continuer à poursuivre les fraudeurs et combattre l'évasion et les paradis fiscaux avec toujours plus de vigueur. Il est enfin indéniable que l'économie au noir, une des sources de l'évasion fiscale, a son importance. Les données du ministère des Finances du Québec permettent d'estimer à 2,5 milliards de dollars les pertes annuelles dues à ce phénomène[56], auxquelles il faut ajouter les pertes fiscales reliées à l'interprétation abusive de la fiscalité et à l'utilisation des paradis fiscaux. Il faut évidemment faire le maximum pour récupérer les recettes fiscales du gouvernement.

À ce titre, le Québec doit demeurer un chef de file en poursuivant sa lutte contre les échappatoires fiscales et l'évasion fiscale ainsi que continuer à combattre avec détermination le fléau des paradis fiscaux au pays même, et promouvoir la coopération internationale qui est indispensable à cette fin.

Mieux tarifer les services publics

Il manque au Québec une politique de tarification claire. Dans le passé, les dirigeants politiques du Québec ont utilisé surtout les tarifs subventionnés et les gels tarifaires sur les biens et les services publics comme des instruments de promotion électorale plutôt que comme outils économiques. Cela va de l'électricité aux services de garde, en passant par l'assurance automobile et les droits de scolarité universitaires. Le résultat est qu'un grand nombre de ces biens ou services sont maintenant sous-tarifés. Les tarifs ne reflètent pas le coût véritable de leur production, le

---

56. Québec, ministère des Finances, « L'évasion fiscale au Québec. Sources et ampleur », *Études économiques, fiscales et budgétaires*, vol. 1, n° 1, avril 2005.

gaspillage des ressources est endémique, les comportements anti-écologiques sont encouragés et les classes fortunées sont souvent nettement plus avantagées que les classes modestes. Il est temps de réfléchir à ces questions et d'adopter des lignes directrices plus économiques, plus écologiques, plus équitables et moins politiques.

C'est au gouvernement du Québec que revient le rôle de redistribuer la richesse, par l'intermédiaire de sa fiscalité et de ses programmes sociaux, vers les divers groupes de citoyens sous forme de transferts et de crédits d'impôt ou vers certaines entreprises sous forme d'aide financière. Si l'on en vient à la conclusion que les hausses de tarifs d'Hydro-Québec, par exemple, causent un trop grand préjudice à certains groupes, c'est au gouvernement de réduire ce préjudice par des mesures fiscales ciblées. Il vaut mieux établir une tarification reflétant le juste prix de l'hydroélectricité et cibler l'aide vers ceux qui en ont besoin plutôt que de perpétuer la politique actuelle de faible tarif qui profite à l'ensemble des utilisateurs, et bien souvent plus aux riches qu'aux pauvres[57].

Dans le cas des droits de scolarité universitaire et des services de garde à tarif réduit, l'absence d'indexation annuelle automatique fait en sorte que les ajustements tarifaires sont peu fréquents, mais très importants chaque fois. Quand un tarif est gelé depuis 15 ans et que l'inflation a été de 2 % par année, on se rend soudainement compte que le tarif doit être augmenté de 30 %, ce qui naturellement entraîne une très vive réaction des usagers. Une indexation annuelle automatique permettrait d'éviter ces crises politiques périodiques au sujet des ajustements tarifaires. Une telle indexation ne fait pas augmenter la contribution des

---

57. En 2001, par exemple, le rabais annuel sur le prix de l'électricité résidentielle a été de 400 $ pour un ménage dont le revenu annuel était de 25 000 $, et de 725 $ pour un ménage dont le revenu était de 110 000 $. Calculs tirés de l'étude du Mouvement Desjardins et du CIRANO, *Le redressement de la situation fiscale du Québec*, Montréal, 2006, tableau 9.

usagers, elle ne fait que l'empêcher de diminuer en pourcentage du coût croissant de livraison du bien ou du service dont il s'agit.

Les gels des tarifs d'hydroélectricité de 1998 à 2003, des frais de scolarité depuis 13 ans et des frais de garde d'enfants (5 $ de 1998 à 2003 et 7 $ depuis 2004) montrent clairement comment il est difficile pour le gouvernement de hausser la tarification de certains biens et services publics au Québec. Dans ce contexte, il faut développer au Québec une politique de tarification pour chaque société d'État et chaque bien et service gouvernemental prévoyant une indexation annuelle automatique liée à une mesure d'inflation pertinente.

Investir dans le Fonds des générations beaucoup plus que ce qui est prévu

L'analyse que nous avons présentée des conséquences économiques et financières du vieillissement démographique a démontré que le gouvernement devra accroître ses recettes budgétaires s'il veut être en mesure de maintenir l'offre de biens et de services publics à long terme.

Force est de constater que, malgré nos hypothèses concernant l'accélération de la productivité et la hausse du taux d'emploi des divers groupes d'âge, le choc démographique affectera négativement la croissance du PIB réel. Ce ralentissement économique va limiter la capacité fiscale de l'État au moment où les besoins financiers pour assurer le maintien des services publics, et tout particulièrement des soins de santé, s'accroîtront en raison du vieillissement de la population. Nos résultats indiquent que le Québec sera rapidement aux prises avec des déficits budgétaires chroniques de plus en plus importants, atteignant 54 milliards de dollars en 2051. Ils démontrent également que, si nos hypothèses sur l'accélération de la productivité et sur l'amélioration des taux d'emploi ne se matérialisent pas, c'est 92 milliards de dollars plutôt que

54 milliards de dollars qu'atteindrait le déficit budgétaire primaire en 2051.

À l'inverse, une amélioration de la natalité et de l'immigration, des efforts accrus pour maximiser la croissance de la productivité, une lutte plus vigoureuse contre l'évasion et les paradis fiscaux, des transferts fédéraux plus adéquats, une meilleure politique de tarification des services publics, une réorganisation des services de santé et une diminution de l'importance du service de la dette contribueraient tous ensemble à atténuer l'ampleur du problème. Il est toutefois improbable que le gouvernement sera en mesure d'annuler complètement l'effet financier du choc démographique.

Si nous voulons éviter que le gouvernement n'ait d'autre choix que de sabrer dans les budgets de certains ministères pour se concentrer sur ses missions essentielles, de se désengager de plusieurs programmes, de recourir aux déficits chroniques ou encore d'augmenter de manière démesurée le fardeau fiscal des générations futures simplement pour maintenir les services publics actuellement offerts, il faut s'attaquer rapidement à pérenniser le financement de certains programmes publics.

L'équité envers les générations futures nécessite qu'on leur garantisse que l'État aura la capacité de conserver l'offre de biens et de services publics tout en maintenant le fardeau fiscal sur un horizon de 46 ans. C'est l'idée sous-jacente au lancement du Fonds des générations à l'occasion de la présentation du budget 2006-2007 en mars 2006. Il faut maintenant investir de l'argent dans ce fonds. Nous avons calculé qu'en vue d'assurer le maintien équitable du fardeau fiscal et des services publics à leur niveau actuel il fallait y injecter annuellement un montant équivalant à 1,52 % du PIB. En 2007, cela voudrait dire un versement de 4,5 milliards de dollars. Comme le gouvernement a annoncé qu'il investirait environ 600 millions de dollars par année dans le fonds, il est clair que nous sommes encore loin du compte. À ce rythme trop modeste, il ne serait pas possible d'engranger suffisamment de recettes afin d'assurer l'équité entre les générations par le lissage des impôts et des taxes d'un pourcentage constant du PIB.

Nous présentons enfin ces résultats avec un certain sentiment d'urgence. La tâche collective qui nous attend est colossale. Il importe d'agir dès maintenant. Plus l'accumulation d'argent dans le Fonds des générations sera faible et tardive, plus les problèmes à régler auront pris de l'ampleur et plus les sacrifices seront douloureux et les solutions, déplaisantes.

Conclusion

Prendre conscience des enjeux et se décider à agir

L'analyse des changements démographiques et de leurs conséquences pour l'économie et les finances publiques du Québec que nous avons présentée traduit une préoccupation fondamentale d'équité intergénérationnelle. Nous croyons qu'il serait injuste que les changements démographiques qui surviendront dans les décennies à venir empêchent le gouvernement du Québec d'offrir à coûts comparables aux générations futures les services publics dont bénéficient présentement les générations actuelles. Tout comme on juge normal que le Régime de rentes du Québec soit capable de faire face à ses obligations futures, il faut aussi établir un principe de péréquation intergénérationnelle en vertu duquel le gouvernement assurera aux générations futures le maintien des services publics à un niveau de taxation sensiblement comparable.

Nous sommes d'avis que, dans l'état actuel des choses, le gouvernement du Québec n'est pas en mesure de garantir l'application de ce principe de justice et d'équité entre les générations.

Ce constat découle de plusieurs phénomènes que va engendrer le vieillissement de la population :

1) le poids des travailleurs dans la population totale va diminuer;

2) la croissance économique et, par conséquent, les recettes fiscales vont ralentir;

3) les dépenses de santé et les dépenses totales de l'État vont s'accélérer;

4) les modifications aux paramètres économiques constituent donc, sur le plan des finances publiques, une grosse bouchée à avaler;

5) l'effet des changements démographiques pourrait être atténué si des efforts renouvelés favorisent la croissance de la productivité et de l'emploi;

6) le montant à mettre de côté annuellement pour maintenir les services publics à leur niveau actuel tout en stabilisant le fardeau fiscal à long terme va être important.

Nous allons conclure en reprenant ces six éléments un à un.

Le vieillissement de la population va entraîner une chute du poids des travailleurs dans la population totale. Il y a aujourd'hui, au Québec, cinq travailleurs pour un retraité. En 2051, il n'y aura plus que deux travailleurs pour un retraité. Même en supposant que les taux d'emploi des divers groupes d'âge de la population vont augmenter, il ne sera pas possible d'empêcher que le poids des travailleurs dans la population totale diminue. L'augmentation du nombre des aînés, dont le taux d'activité est très modeste, sera tout simplement trop forte.

En 2006, la population de 15 à 64 ans formait 70 % de la population totale et affichait un taux d'emploi de 70 %. Les travailleurs représentaient donc, en gros, 49 % de la population totale du Québec (70 % de 70 %)[58]. Pour qu'à long terme le poids des travailleurs demeure à 49 % de la population totale, il faudrait que le taux d'emploi des adultes de 15 à 64 ans passe de 70 % en 2006 à 85 % en 2051. Une telle ascension du taux d'emploi du Québec est tout à fait invraisemblable. En Ontario et aux États-Unis, le taux d'emploi des 15 à 64 ans est demeuré inférieur à 74 % depuis 20 ans. Il est certainement possible de concevoir qu'au Québec ce taux passe, par exemple, de 70 % en 2006 à 74 % en 2031. En faisant néanmoins cette hypothèse, et en supposant de plus que le taux d'emploi des 65 à 69 ans augmentera à 19 % et celui des 70 ans et plus à 4 %, nous trouvons que le taux d'emploi de la population totale va passer de 49 % en 2006 à 45 % en 2051.

Le vieillissement de la population va entraîner un ralentissement de la croissance du PIB et des recettes fiscales. La croissance économique (c'est-à-dire du PIB *réel*, ou net de l'inflation) peut s'exprimer comme la somme des variations dans le temps de quatre facteurs. Ce sont celles 1) de la population totale, 2) du taux d'emploi de cette population (fraction de la population totale qui détient un emploi), 3) du nombre moyen d'heures travaillées par personne employée et 4) de la productivité horaire (production par heure de travail).

Or, le vieillissement fera diminuer la population totale et son taux d'emploi. De plus, aucun renversement de la tendance à la baisse du nombre moyen d'heures travaillées par personne employée observée depuis 30 ans n'est en vue. Quant à la productivité, nous avons supposé qu'elle s'accélérera du taux annuel de 1 % observé récemment à 1,5 % en 2031 et après. Mais cette accélération n'empêchera pas le taux de croissance du PIB de diminuer dans les décennies à venir. Le ralentissement

---

58. Ce calcul rapide simplifie la réalité en négligeant les travailleurs de 65 ans et plus. Toutefois, nos simulations détaillées ont tenu compte explicitement des taux d'emploi des travailleurs de 65 à 69 ans et de 70 ans et plus.

démographique va donc inévitablement entraîner un ralentissement économique. Alors que la croissance annuelle moyenne du PIB réel a été de 2,1 % au cours de la période 1981-2005, nous estimons que, malgré l'adaptation de l'économie québécoise, la croissance économique pourrait diminuer de moitié pour atteindre 1,1 % entre 2041 et 2050.

Ce ralentissement va se répercuter en proportion sur les recettes fiscales du gouvernement du Québec.

Le vieillissement de la population va entraîner une pression accrue sur les dépenses de santé et les dépenses totales de l'État. Avec deux fois plus d'aînés dans la population totale, la pression sur les dépenses de santé va être très vive, puisque ces dépenses croissent fortement avec l'âge du bénéficiaire. Les dépenses de santé seront en forte progression. Elles vont faire augmenter le poids des dépenses publiques même si des économies seront possibles dans d'autres postes de dépenses du gouvernement. En effet, d'une part, les économies potentielles en éducation découlant de la baisse du nombre de jeunes seront difficiles à réaliser en pratique ; et, d'autre part, les autres missions de l'État ne pourront être indéfiniment comprimées.

Même en limitant à 4,8 % l'augmentation annuelle moyenne des coûts de santé (effets du vieillissement, des améliorations technologiques et de l'inflation compris), ce qui est inférieur même aux estimations gouvernementales, nous calculons que les dépenses de ce secteur vont passer de 35 % de l'ensemble des dépenses budgétaires en 2005 à 56 % en 2051. Dans le PIB du Québec, le poids des dépenses de santé doublerait, passant de 7,6 % en 2005 à 15,2 % en 2051; celui des dépenses budgétaires totales, si les services publics sont maintenus, passerait de 22 % en 2005 à 27 % en 2051.

Le vieillissement de la population va donc être une grosse bouchée à avaler pour les finances publiques du Québec. Peu importe l'angle sous lequel on les observe, les résultats de nos simulations aboutissent à une conclusion fondamentale : la croissance des recettes du gouvernement ne pourra pas répondre aux exigences de la croissance de ses dépenses. La conséquence est l'apparition d'une impasse budgétaire récurrente et croissante jusqu'en 2051. Alors que le budget était en équilibre en 2005, le solde deviendrait déficitaire à partir de 2013. Le déficit augmenterait continuellement par la suite, soit à 17 milliards de dollars en 2031 (12 % des recettes budgétaires et 2,7 % du PIB), puis à 54 milliards de dollars en 2051 (20 % des recettes budgétaires et 4,5 % du PIB).

Pour que l'effet des changements démographiques soit atténué, des efforts renouvelés devront être mis en œuvre pour favoriser la croissance de la productivité et de l'emploi. Le gouvernement du Québec doit établir un plan visant à maximiser la croissance de la productivité de notre économie, notamment en stimulant l'investissement dans le capital humain (éducation), le capital matériel et technologique (régime fiscal avantageux, régime de construction fiable) et les infrastructures (transport et équipements urbains). Du côté de l'emploi, le gouvernement doit se doter d'un plan visant surtout à favoriser l'activité du groupe des 55 à 69 ans.

Le montant à mettre de côté annuellement pour maintenir les services publics à leur niveau actuel tout en stabilisant le fardeau fiscal à long terme va être important. L'équité intergénérationnelle exige que le Québec adopte une stratégie *clairvoyante* afin d'être en mesure de faire face à la récurrence des soldes budgétaires déficitaires des années futures.

Notre préoccupation au sujet de l'équité intergénérationnelle nous a conduits à poser comme objectif de stabiliser le fardeau fiscal des Québécois au cours des prochaines décennies. Pour y parvenir, nous avons calculé l'augmentation immédiate et permanente du fardeau fiscal qui permettrait au Québec d'équilibrer son budget à long terme et de maintenir ses services publics à leur niveau actuel. Pour financer une hausse des dépenses publiques qui serait attribuable uniquement au vieillissement de la population et non à une bonification quelconque des services publics, il serait en effet normal que le Québec se donne un fardeau fiscal qui demeure stable en pourcentage du PIB durant toute la période envisagée.

Nous avons établi que la somme actualisée des déficits budgétaires à prévoir de 2007 à 2051 s'élèverait à 109,3 milliards de dollars. Sur cette base, nous calculons que la hausse immédiate et permanente du fardeau fiscal qui serait nécessaire pour absorber cet excédent des dépenses sur les revenus d'ici à 2051 est de l'ordre de 1,5 % du PIB, ou 4,5 milliards de dollars en 2007. Il s'agit d'un montant considérable, équivalant à une augmentation générale immédiate de 8,7 % des impôts, taxes et tarifs du Québec. C'est notre estimation du montant annuel récurrent qu'il faudrait investir dans le Fonds des générations créé en mars 2006 afin d'assurer une pleine équité intergénérationnelle au Québec au cours des prochaines décennies. Pour l'instant, l'injection annuelle annoncée par le gouvernement n'est d'environ que de 600 millions de dollars.

Les deux questions qui restent à débattre maintenant sont : 1) les générations actuelles vont-elles accepter d'investir autant d'argent dans le Fonds des générations et 2) dans l'affirmative, où va-t-on prendre l'argent ?

Bibliographie

Albert, Mario, « L'avenir des finances publiques du Québec face aux changements démographiques. Éléments factuels sur la démographie », dans *Agir maintenant pour le Québec de demain,* publié sous la direction de Luc Godbout, Presses de l'Université Laval, Québec, 2006.

Auerbach, Alan J., Laurence J. Kotlikoff et Willi Leibfritz, *Generational Accounting around the World*, NBER, University of Chicago Press, 1999.

Beaudry, P., F. Collard et D. Green, « Le rôle des facteurs démographiques dans la croissance de la productivité », *Observateur international de la productivité*, n° 10, printemps 2005.

Conference Board du Canada, *Projection des équilibres financiers des gouvernements du Canada et du Québec*, préparé pour la Commission sur le déséquilibre fiscal, février 2002.

Dungan, Peter et Steve Murphy, *Long-term Outlook for the Canadian Economy*, PEAP Policy Study 2206-2, Policy and Economic Analysis Program, Institute for Policy Analysis, University of Toronto, février 2006.

Gill, Louis, *Vieillissement de la population et finances publiques, La « futurologie à rebours » de Pierre Fortin et Luc Godbout,* Chaire d'étude socio-économique de l'UQAM, 2007.

Gill, Louis, *Rembourser la dette publique : la pire des hypothèses,* Chaire d'étude socio-économique de l'UQAM, 2006.

Girard, Stéphane, *Impact du vieillissement démographique sur l'impôt prélevé sur les retraits des régimes privés de retraite,* Document de travail présenté lors du 44ᵉ congrès annuel de la Société canadienne de science économique en mai 2004.

Hauner, David, *Aging: Some Pleasant Fiscal Arithmetic,* IMF Working paper, WP/05/71, avril 2005.

Institut canadien d'information sur la santé (ICIS), *Tendances des dépenses nationales de santé, 1975 à 2006,* Ottawa, 2006.

Institut de la statistique du Québec (ISQ), *La situation démographique au Québec. Bilan 2005,* Québec, 2006.

Institut de la statistique du Québec (ISQ), *Perspectives démographiques, Québec et régions, 2001-2051, édition 2003,* novembre 2004.

Joanis, Marcelin et Claude Montmarquette, « La dette publique : un défi prioritaire pour le Québec », *IRPP, Choix,* vol. 10, nᵒ 9, octobre 2004.

Kotlikoff, Laurence J., « Generational Accounting: Knowing Who Pays, and When, for What We Spend » dans *Journal of Economic Literature,* vol. 31, nᵒ 1, mars 1993, p. 257-259.

Mérette, Marcel, « The Bright Side: A Positive View on the Economics of Aging », *IRPP, Choix,* vol. 8, n° 1, mars 2002.

Mouvement Desjardins et CIRANO, *Le redressement de la situation fiscale du Québec,* Montréal, 2006.

OCDE, *Projecting OECD Health and Long-term Care Expenditures: What are the Main Drivers?* Paris, 2006.

Ontario, ministère des Finances, *Horizon 2025 : une évaluation des perspectives à long terme de l'Ontario,* Toronto, 2005.

ONU, Department of Economic and Social Affairs, Population Division, *Word Population Prospects: The 2004 Revision, Highlights,* 2005.

ONU, Department of Economic and Social Affairs, Population Division, *Word Population Prospects: The 2002 Revision of World Urbanization Prospects,* 2003.

Oreopoulos, Philip et François Vaillancourt, « Taxes, Transfers, and Generations in Canada: Who gains and Who Loses from the Demographic Transition », *Commentaire 107,* Institut C.D. Howe, 1998, 24 p.

Québec, Conseil du Trésor, *Budget de dépenses 2006-2007, volume II, Crédits des ministères et organismes pour l'année financière se terminant le 31 mars 2007,* Québec, 2006.

Québec, ministère des Finances, *Favoriser la retraite progressive,* fascicule déposé en même temps que le Budget 2007-2008, Québec, février 2007.

Québec, ministère des Finances, *Budget 2006-2007. Le Fonds des générations,* Québec, mars 2006.

Québec, ministère des Finances, *Budget 2006-2007. Plan budgétaire*, mars 2006.

Québec, ministère des Finances, *Le point sur la situation économique et financière du Québec*, automne 2006.

Québec, ministère des Finances, *Statistiques fiscales des particuliers, année d'imposition 2003*, Québec, 2005.

Québec, ministère des Finances, « L'évasion fiscale au Québec. Sources et ampleur », *Études économiques, fiscales et budgétaires*, vol. 1, n° 1, avril 2005.

Québec, ministère des Finances, *Notes pour une allocution de M. Michel Audet. Présentation au sous-comité sur le déséquilibre fiscal de la Chambre des Communes*, Québec, avril 2005.

Régie des rentes du Québec, *Analyse actuarielle du Régime de rentes du Québec au 31 décembre 2003*, Québec, 2003.

Robbins, Jenna et Michael R. Veall, « Future Taxes on Pension Savings as a Government Asset », *C.D. Howe Institute Backgrounder,* 63, octobre 2002.

Robson, William B.P., « Time and Money: Tracking the Fiscal Impact of Demographic Change in Canada », *E-Brief,* Institut C.D. Howe, octobre 2006.

Robson, William B.P., « Time and Money: The Fiscal Impact of Demographic Change in Canada », *Commentaire 185*, Institut C.D. Howe, juillet 2003.

Van Audenrode, Marc, « Les perspectives à moyen terme du marché du travail au Québec », *L'Actualité économique*, vol. 78, n° 4, décembre 2002.

ANNEXE

Annexe

Analyse de sensibilité des résultats de la procédure de lissage

Cette annexe sert à mesurer l'effet de diverses modifications des hypothèses économiques et financières sur les résultats de la procédure de lissage associée à la stratégie clairvoyante (présentée au chapitre 7), c'est-à-dire le pourcentage constant du PIB dont il faudrait réduire les dépenses ou augmenter les impôts et les taxes afin d'équilibrer le budget en moyenne sur la période 2007-2051.

Les modifications d'hypothèses envisagées sont les même qu'au chapitre 6.

A.1   Variations de l'hypothèse sur la productivité

Dans le scénario de référence, le taux de croissance annuel de la productivité a été établi comme suit : accélération de 1,0 % en 2005 à 1,5 % en 2031, puis stabilité à 1,5 % ensuite. Pour mesurer la sensibilité des résultats à cette hypothèse, nous faisons varier ces deux taux à la hausse et à la baisse de 0,25 point de pourcentage.

Le **tableau A1** montre l'effet du changement du taux de croissance de la productivité sur le pourcentage constant du PIB dont il faudrait augmenter le fardeau fiscal à partir d'aujourd'hui afin d'équilibrer le budget en moyenne sur la période 2007-2051 tout en maintenant le niveau des services publics inchangé.

On constate des effets importants. Les montants à mettre de côté varient de 48 % par rapport au scénario de référence. Néanmoins, il faut provisionner un montant de près de 2,4 milliards de dollars en 2007 même dans l'hypothèse la plus optimiste sur l'avenir de la productivité.

Tableau A1 : Effet de variations du taux de croissance de la productivité sur le pourcentage constant du PIB dont il faudrait augmenter le fardeau fiscal afin d'équilibrer le budget en moyenne

	Scénario de référence	Effet si productivité -0,25	Effet si productivité +0,25	Variation moyenne en %
Pourcentage constant dont il faut augmenter les impôts et les taxes (en % du PIB)	1,5	2,3	0,8	±0,7 pt %
Augmentation requise en 2007 (en M$)	4 537	6 721	2 392	±48 %

A.2 Variations de l'hypothèse sur le marché du travail

L'hypothèse principale touchant le marché du travail concerne le taux d'emploi. Dans le scénario de référence, ce taux augmente de façon constante entre 2005 et 2031 pour tous les groupes d'âge, puis il est maintenu au même niveau pour le reste de la période. Pour mesurer la sensibilité des résultats à cette hypothèse, nous faisons varier le taux d'emploi des 15 à 64 ans atteint en 2031 (74 %) à la hausse et à la baisse de 1 point de pourcentage.

L'effet du changement du taux d'emploi des 15 à 64 ans est de ±0,1 point sur le pourcentage constant du PIB dont il faudrait augmenter le fardeau fiscal à partir d'aujourd'hui afin d'équilibrer le budget en moyenne sur la période 2007-2051 tout en maintenant le niveau des services publics inchangé (**tableau A2**).

Tableau A2 : **Effet de variations du taux d'emploi sur le pourcentage constant du PIB dont il faudrait augmenter le fardeau fiscal afin d'équilibrer le budget en moyenne**

	Scénario de référence	Effet si taux d'emploi 15-64 ans -1 pt %	Effet si taux d'emploi 15-64 ans +1 pt %	Variation moyenne en %
Pourcentage constant dont il faut augmenter les impôts et les taxes (en % du PIB)	1,5	1,7	1,4	±0,1 pt %
Augmentation requise en 2007 (en M$)	4 537	4 918	4 159	±8 %

A.3 Variations de l'hypothèse sur les dépenses de santé

Dans le scénario de référence, le taux de croissance des dépenses de santé par habitant (hors inflation et hors vieillissement démographique) est fixé à 1,50 % pour toute la période. Pour mesurer la sensibilité, nous faisons varier ce taux à la hausse et à la baisse de 0,25 point de pourcentage.

L'effet sur le pourcentage constant du PIB dont il faudrait augmenter le fardeau fiscal à partir d'aujourd'hui afin d'équilibrer le budget en moyenne sur la période 2007-2051 tout

en maintenant le niveau des services publics inchangé
(**tableau A3**) est important.

Tableau A3 : **Effet de variations du taux de croissance des
dépenses de santé sur le pourcentage constant
du PIB dont il faudrait augmenter le fardeau
fiscal afin d'équilibrer le budget en moyenne**

	Scénario de référence	Effet si taux de croissance des coûts de la santé -0,25 pt %	Effet si taux de croissance des coûts de la santé +0,25 pt %	Variation moyenne en %
Pourcentage constant dont il faut augmenter les impôts et les taxes (en % du PIB)	1,5	1,0	2,1	±0,6 pt %
Augmentation requise en 2007 (en M$)	4 537	2 925	6 260	±37 %

A.4 Variation de l'hypothèse sur les « autres dépenses »

Dans le scénario de référence, les « autres dépenses » demeurent
constantes en pourcentage du PIB. Pour mesurer la sensibilité
des résultats à cette hypothèse, nous examinons la situation où
les « autres dépenses » ne sont qu'indexées au coût de la vie
(2 % par année), ce qui ralentit leur croissance par rapport au
scénario de référence.

L'effet sur le pourcentage constant du PIB dont il faudrait
augmenter le fardeau fiscal à partir d'aujourd'hui afin
d'équilibrer le budget en moyenne sur la période 2007-2051 tout
en maintenant le niveau des services publics inchangé (**tableau
A4**) est important, avec une variation de -75 %.

Tableau A4 : **Effet d'une variation du taux de croissance des « autres dépenses » sur le pourcentage constant du PIB dont il faudrait augmenter le fardeau fiscal afin d'équilibrer le budget en moyenne**

	Scénario de référence	Effet si aucune croissance sauf inflation	Variation en %
Pourcentage constant dont il faut augmenter les impôts et les taxes (en % du PIB)	1,5	0,4	-1,1 pt %
Augmentation requise en 2007 (en M$)	4 537	1 141	-75 %

A.5 Variations des hypothèses sur la dette

a) Hypothèse sur le taux de croissance de la dette

Dans le scénario de référence, la dette primaire contractée pour acquérir des éléments d'actif croît d'un montant annuel équivalant à 1,0 % du PIB. Pour mesurer la sensibilité des résultats à cette hypothèse, nous faisons varier ce taux à la hausse et à la baisse de 0,2 point de pourcentage.

Enfin, l'effet sur le pourcentage constant du PIB dont il faudrait augmenter le fardeau fiscal à partir d'aujourd'hui afin d'équilibrer le budget en moyenne sur la période 2007-2051 tout en maintenant le niveau des services publics inchangé (**tableau A5**) est une variation de ±11 %.

Tableau A5 : **Effet de variations du taux de croissance de la dette sur le pourcentage constant du PIB dont il faudrait augmenter le fardeau fiscal afin d'équilibrer le budget en moyenne**

	Scénario de référence	Effet si taux de croissance de la dette en % du PIB -0,2 pt %	Effet si taux de croissance de la dette en % du PIB +0,2 pt %	Variation moyenne en %
Pourcentage constant dont il faut augmenter les impôts et les taxes (en % du PIB)	1,5	1,4	1,7	±0,2 pt %
Augmentation requise en 2007 (en M$)	4 537	4 053	5 018	±11 %

b)   Hypothèse sur le taux d'intérêt

Dans le scénario de référence, le taux d'intérêt utilisé pour calculer le service de la dette est de 6,3 %. Pour mesurer la sensibilité des résultats à cette hypothèse, nous faisons varier ce taux à la hausse et à la baisse de 0,5 point de pourcentage.

Finalement, l'effet sur le pourcentage constant du PIB dont il faudrait augmenter le fardeau fiscal à partir d'aujourd'hui afin d'équilibrer le budget en moyenne sur la période 2007-2051 tout en maintenant le niveau des services publics inchangé (**tableau A6**) est une variation de ±12 %.

Tableau A6 : **Effet de variations du taux d'intérêt sur le pourcentage constant du PIB dont il faudrait augmenter le fardeau fiscal afin d'équilibrer le budget en moyenne**

	Scénario de référence	Effet si taux d'intérêt -0,5 pt %	Effet si taux d'intérêt +0,5 pt %	Variation moyenne en %
Pourcentage constant dont il faut augmenter les impôts et les taxes (en % du PIB)	1,5	1,3	1,7	±0,2 pt %
Augmentation requise en 2007 (en M$)	4 537	3 974	5 095	±12%

A.6 Variations de l'hypothèse sur le taux d'actualisation

Dans le scénario de référence, le taux utilisé pour actualiser les soldes budgétaires est de 6,7 %. Pour mesurer la sensibilité des résultats à cette hypothèse, nous faisons varier ce taux à la hausse et à la baisse de 1 point de pourcentage. Notons qu'une hausse de 1 point ramène le taux d'actualisation à 7,7 %, soit celui qui est utilisé dans les calculs du Fonds des générations.

L'effet sur le pourcentage constant du PIB dont il faudrait augmenter le fardeau fiscal à partir d'aujourd'hui afin d'équilibrer le budget en moyenne sur la période 2007-2051 tout en maintenant le niveau des services publics inchangé (**tableau A7**) est une variation de ±12 %.

Tableau A7 : Effet de variations du taux d'actualisation sur le pourcentage constant du PIB dont il faudrait augmenter le fardeau fiscal afin d'équilibrer le budget en moyenne

	Scénario de référence – Taux d'actualisation 6,7 %	Effet si taux d'actualisation -1 pt de %	Effet si taux d'actualisation +1 pt de %	Variation moyenne en %
Pourcentage constant dont il faut augmenter les impôts et les taxes (en % du PIB)	1,5	1,7	1,4	±0,2 pt %
Augmentation requise en 2007 (en M$)	4 537	5 086	4 028	±12 %

MEMBRE DU GROUPE SCABRINI

Québec, Canada
2007